L'ANALYSE
DU TEXTE
DE THÉÂTRE

2e édition

ARMAND COLIN

Conception de maquette : Atelier Didier Thimonier.
© Armand Colin, Paris, 2010 pour la présente édition.
© Armand Colin, Paris, 2008.   © Nathan, Paris, 2001.
ISBN : 9782200254674
Internet : http://www.armand-colin.com

Sommaire

Avant-propos

Le théâtre occidental a longtemps été subordonné au primat du texte. C'est à partir de celui-ci que la représentation se construit – qu'elle s'y soumette pleinement ou qu'elle le mette en question. Alors que dans les traditions orientales (Kathakali indien, Nô japonais) la représentation théâtrale se compose de danses, de chœurs et de musique, articulés en des sortes de cérémonies liturgiques qui ne privilégient aucun de ces éléments mais les fondent ensemble de façon spectaculaire, le jeu théâtral en Occident s'élabore le plus souvent à partir des discours et des actions contenues dans les textes dramatiques. Cependant, depuis la fin de la « galaxie Gutenberg », le texte écrit, c'est-à-dire « le dialogue fixé comme élément constitutif de la représentation », (H. Lehmann) n'est plus primordial. La circulation d'images animées remplace une vision linéaire et successive, s'offrant au spectateur sans solliciter le truchement d'une lecture mise en espace et en jeu. Certains critiques parlent d'un théâtre « postdramatique », lequel tient aussi bien de la chorégraphie et des arts plastiques que du cinéma ou de la vidéo. Sans nier l'importance des expériences récentes qui marquent le refus de ce que P. Pavis appelle le « textocentrisme » (*Je suis sang* de J. Fabre, *Inferno* de R. Castellucci), le propos de cet ouvrage se limitera, conformément à son titre, à ce qui a longtemps constitué la spécificité de l'écriture théâtrale en occident : le texte.

Le théâtre est art de l'instant. Donc de la mort. Il surgit le temps d'une représentation, pour s'évanouir aussitôt. Tout texte écrit s'inscrit au contraire dans la durée. Il parie sur l'éternité : *scripta manent*. Le premier paradoxe du texte théâtral tient dans cette dichotomie. Un texte écrit enferme entre les pages d'un livre, semblable à d'autres livres, ce qui n'est qu'un simulacre de corps et de voix projetés dans un espace et une durée. Il fige à travers des caractères imprimés ce qui est destiné à surgir fugitivement dans le jeu et le mouvement. Autant dire que son approche paraît problématique.

Le texte théâtral est donc un objet à la fois indispensable et insuffisant. Indispensable, car, même s'il s'avère que, dans l'histoire des pratiques scéniques, certains spectacles ont fait l'économie d'un texte préalablement écrit : tradition de la *commedia dell'arte* italienne, créations collectives du Théâtre du Soleil, performances du *Living Theatre*, spectacles de Kantor (*La Classe morte)*, de Pina Bausch (*Café Müller*) ou de Bob Wilson (*Le Regard du sourd*), le théâtre occidental semble avoir du mal à se passer du texte. Le *répertoire* est une réalité qui commence sur les rayons d'une bibliothèque. Pour exister, le théâtre, comme la musique, a souvent besoin d'une partition qui le détermine.

Pourtant, le texte est insuffisant, dans la mesure où il ne livre qu'une mince partie de ce qui deviendra la représentation. Certes, il s'avère une formidable machine à jeu ; toutefois, il demeure à cet égard, plus que n'importe quel autre texte, une « machine paresseuse » (U. Eco), qui exige l'intervention de plusieurs médiateurs pour accéder pleinement à l'existence : comédiens, metteur en scène, scénographe. Il offre quelques-uns des matériaux constitutifs du spectacle théâtral, dont les paroles qui seront proférées par les acteurs, mais il a besoin de tout un ensemble d'autres signes non verbaux pour se transformer pleinement en théâtre. Son statut est d'être « troué ».

De ce fait, une pièce de théâtre, davantage encore que toute autre œuvre, la plus ouverte soit-elle, demeure indéfiniment mystérieuse et changeante ; livrée en permanence à toutes les subjectivités interprétatives, donc à toutes les « trahisons » possibles. Ce phénomène explique la multiplication des mises en scène d'une même pièce soumise à des lectures contradictoires. Autant éviter cependant celles qui dérivent d'une approche superficielle ou inadéquate du texte. En effet, les outils critiques utilisés pour rendre compte des autres genres littéraires, poésie, roman, nouvelle, sont souvent insuffisants dans son analyse. Dorval, porte-parole de Diderot dans le *Troisième Entretien sur le Fils naturel*, soulignait que le roman et le théâtre appartenaient à deux univers irréductibles : « Il y a bien de la différence, disait-il, entre peindre à mon imagination et mettre en action sous mes yeux ». L'analyse du texte théâtral nécessite des outils particuliers.

L'ambition de cet ouvrage est de fournir quelques éléments indispensables à la lecture du théâtre ; c'est-à-dire d'offrir une méthode d'analyse qui, sans se confondre avec l'approche particulière qu'exige le travail du metteur en scène, prenne en compte la spécificité du texte dramatique. Il s'agit en quelque sorte de repérer comment la théâtralité s'insère à l'intérieur de l'œuvre écrite et de proposer une démarche pour la débusquer. Cette démarche accorde une importance qui pourra sembler démesurée à la dramaturgie classique, qui a longtemps constitué, du moins en France, le point de référence de l'écriture théâtrale – que les auteurs s'y soumettent ou qu'ils la mettent en crise. Elle essaiera cependant de tenir compte de la réception particulière qu'exigent les écritures contemporaines mettant en jeu de nouveaux mécanismes d'interprétation.

Construit selon une entrée progressive au cœur de l'œuvre écrite, l'ouvrage présente donc une synthèse des questions essentielles que soulève tout texte théâtral : quelle est l'histoire qui est racontée à travers une action (la fable), dans quel espace, dans quel temps s'inscrit-elle ? À travers quels personnages se manifestet-elle ? Le dernier chapitre tente d'explorer le discours théâtral dans sa matérialité mais aussi dans sa finalité expressive (sa poétique). Le *corpus* des textes pris en exemple s'en tient pour l'essentiel aux œuvres les plus connues de la littérature théâtrale européenne, même si parfois il a paru opportun de citer quelques titres plus récents ou plus rares. Le souci de rester en permanence clair et accessible, au risque de paraître parfois un peu rapide, a toujours prévalu sur toute autre considération. Nous espérons seulement être utiles aussi bien aux amateurs de théâtre qu'à tous ceux qui doivent l'étudier.

Approche du texte théâtral

1. Le paratexte

1.1 Le titre

Le premier repère qu'offre un texte théâtral est son titre. Même si cela paraît superficiel, il n'est pas sans intérêt de s'y arrêter un instant. La fonction du titre est triple : il permet d'*identifier* l'œuvre, d'*informer* sur son contenu ; enfin le titre doit, d'une manière ou d'une autre, *attirer* les spectateurs éventuels en stimulant leur attention ou en sollicitant leur curiosité.

• *Identifier*

Pour permettre une identification rapide, le titre d'une pièce de théâtre se réduit souvent au nom du héros éponyme. Il s'agit en général d'un personnage historique (*Cromwell* de Hugo, *Jules César* de Shakespeare), mythologique (*Œdipe* de Gide, *Électre* de Giraudoux), pris dans l'actualité récente (*Roberto Zucco* de Koltès) ou purement imaginaire (*Knock* de Romains). Il peut aussi renvoyer à un nom de lieu réel (*Heldenplatz* de Bernhard) ou inventé (*Génousie* d'Obaldia), évoquer un travers (*L'Étourdi* de Molière), une caractérisation morale (*L'Avare* de Molière), une condition sociale (*Les Soldats* de Lenz), une entité ethnique (*Les Nègres* de Genet), une espèce zoologique (*Les Mouches* de Sartre).

Souvent laconique (*Théâtres* d'Olivier Py), le titre peut parfois aussi être très long et explicatif : *La Persécution et l'assassinat de Jean-Paul Marat représentés par le groupe théâtral de l'hospice de Charenton sous la direction de Monsieur de Sade* de Peter Weiss, simplifié d'ordinaire en *Marat-Sade*.

Cette fonction identificatrice n'est pas toujours évidente : de l'*Antigone* de Sophocle à celles d'Anouilh, d'Alfiéri, d'Hasenclever, de Cocteau ou de Brecht, le titre, qui fait jouer ce que G. Genette appelle l'*hypertextualité*, ne suffit pas pour identifier un ouvrage. Il nécessite le plus souvent qu'on lui accole le nom de l'auteur, sauf quand, malicieusement, ce dernier introduit un élément précisant sa différence : *Macbett* de Ionesco, se démarque typographiquement du *Macbeth* de Shakespeare ; *Amphitryon 38* de Giraudoux rappelle que trente-sept autres l'ont précédé, dont ceux de Plaute, de Kleist ou de Molière.

• *Informer*

Le titre permet à l'auteur d'indiquer succinctement la teneur de sa pièce. Il suggère quelle en sera la thématique (*La Leçon* de Ionesco, *Les Règles du savoir vivre dans la société moderne* de J.-L. Lagarce) ; il lui arrive aussi de donner une première information sur la dynamique de l'action : le titre *Les Fourberies de Scapin* constitue un avant-programme de ce à quoi nous allons assister ; et malgré son ambiguïté, *En attendant Godot* de Beckett annonce objectivement ce qui constituera le déroulement de la pièce. Le titre peut également fournir un commentaire métatextuel sur la moralité qui ressortira de l'œuvre : *Le Préjugé vaincu* (Marivaux) annonce implicitement un dénouement heureux ; *On ne badine pas avec l'amour* (Musset) laisse pressentir une issue dramatique. Et les innombrables *Écoles* (des *maris*, des *femmes*, des *mères*, des *pères*, des *cocus*, des *veufs*, etc.) apparues au fil des siècles suggèrent suffisamment le caractère programmatique des titres.

• *Attirer*

Le choix du titre est important pour attirer le public. Pour certains auteurs, il peut même devenir primordial, comme l'atteste cet avertissement du *Traité du mélodrame* (1817) : « Pour faire un bon mélodrame, il faut premièrement choisir un titre. Il faut ensuite adapter à ce titre un sujet quelconque. »

Quand il s'agit de personnages connus, la notoriété du héros éponyme paraît suffisante pour intéresser le lecteur et/ou le spectateur, quitte à ce que l'auteur ajoute en sous-titre un détail attractif ou ambigu : *Napoléon ou les Cent-Jours* (Grabbe), *Kean ou Désordre et génie* (Dumas). Pour séduire, les titres usent souvent d'artifices. Facétieux, ils peuvent jouer de l'allusion grivoise (*Mais n'te promène donc pas toute nue* de Feydeau), ou équivoque (*Le Plus Heureux des trois* de Labiche) ; ils peuvent provoquer (*Outrage au public* de P. Handke), interpeller (*Voulez-vous jouer avec moâ ?* de M. Achard), en appeler à la culture du lecteur (*La Guerre de Troie n'aura pas lieu* de Giraudoux) ou à sa curiosité (*Qu'est-ce qui fait courir les femmes la nuit à Madrid ?* de Calderon). Pour attirer l'attention, certains titres enfin offrent une sorte d'ambiguïté métaphorique (*L'Éveil du printemps* de Wedekind) ou affichent une dimension apparemment symbolique qui intrigue (*Fin de partie* de Beckett).

Les modes et les habitudes culturelles ont leur part dans le choix des titres. Les dramaturges de l'Antiquité donnent souvent à leurs œuvres, tragédies ou comédies, les noms des personnages du chœur (*Les Suppliantes* d'Euripide, *Les Oiseaux* d'Aristophane) ; les classiques observent la tradition onomastique du héros ; les auteurs contemporains cherchent plutôt à surprendre. Tantôt ils interpellent : *Qui a peur de Virginia Woolf ?* de Albee ; tantôt ils provoquent des attentes qui seront déjouées : *La Cantatrice chauve* de Ionesco n'offre aucune apparition de cantatrice, ni chauve ni chevelue ; tantôt enfin ils instaurent une ambiguïté sémantique : avec *Dissident, il va sans dire*, M. Vinaver évoque-t-il la démarche silencieuse de son protagoniste, s'en tient-il à une vague appréciation sur un comportement prévisible, ou refuse-t-il précisément de s'expliquer davantage ?

1.2 Le genre

Longtemps, les auteurs se sont attachés à faire suivre les titres de leurs pièces d'indications sur le genre auquel elles appartenaient, fournissant ainsi au lecteur des repères implicites et immédiats sur la nature de l'œuvre. Même si leur portée demeure limitée, ces précisions doivent être prises en compte dans l'approche du texte, car le théâtre, art social par excellence, s'inscrit dans un contexte qui renvoie inévitablement à des habitudes culturelles :

> Chaque époque a son propre système de genres, qui est en rapport avec l'idéologie dominante. Une société choisit et codifie les actes qui correspondent au plus près à son idéologie ; c'est pourquoi l'existence de certains genres dans une société, leur absence dans une autre, sont révélatrices de cette idéologie.
>
> T. Todorov, « Les Formes du discours », dans *Les Genres du discours*, Paris, Le Seuil, coll. « Poétique », 1978.

À l'époque classique, les genres sont strictement codés et le classement des œuvres est l'occupation favorite des « doctes » qui, s'inspirant d'Aristote, réglementent l'écriture. Théoriciens et dramaturges forgent des préceptes qui définissent et hiérarchisent la production dramatique. C'est ainsi que la farce, qui repose sur des effets grossiers, est méprisée et réservée à « la populace élevée dans la fange » (d'Aubignac). De nouvelles exigences se définissent : la vraisemblance et la bienséance, qui renvoient à la fois à un idéal esthétique (illusionnisme de la représentation théâtrale) et à des normes morales et sociales. Les *règles* qui en découlent (unité d'action, de temps et de lieu) supposent une approche rationnelle de l'écriture théâtrale, fondée sur une construction cohérente.

La hiérarchie des genres qui se dégage alors repose sur la différenciation sociale des personnages et des actions : la tragédie, dont les sujets doivent toucher des « actions nobles », et dans laquelle les héros sont d'une condition illustre, s'oppose à la comédie, qui traite de la vie privée, mettant en jeu des personnages qui s'inscrivent dans la réalité quotidienne. Celle-ci se distingue de la tragi-comédie, qui mêle en une même action des personnages nobles et d'autres de plus modeste origine, et aussi de la pastorale, peuplée de bergers et de bergères. Lorsque, dans le cadre du « grand divertissement royal de Versailles », Molière enchâsse les trois actes de sa comédie *Georges Dandin* à l'intérieur d'une pastorale, il instaure une tension immédiate entre deux genres antinomiques dont la contradiction donne à l'œuvre un registre amer et mélancolique et une signification surprenante. Parfois, les auteurs éprouvent quelque difficulté à classer leurs ouvrages. Corneille hésite sur la nomenclature de son *Don Sanche d'Aragon*, qu'il qualifie finalement de « comédie héroïque » : « Voici un poème d'une espèce nouvelle qui n'a point d'exemple chez les Anciens ».

Réagissant contre ces classifications trop rigoureuses, les romantiques revendiquent le *mélange des genres* à l'intérieur d'une forme nouvelle : le drame. Celui-ci ne doit pas être confondu avec le drame bourgeois, défini au siècle précédent par Diderot, à mi-chemin entre la tragédie et la comédie (« Plus l'homme qui pâtit est d'un état qui se rapproche du mien, et plus son malheur a de prise sur mon âme »), ni avec le mélodrame, avatar paroxystique du drame bourgeois, qui se développe au lendemain de la Révolution. Refusant la hiérarchie de l'âge classique, le drame romantique veut rendre compte des contradictions de l'homme, « être complexe, hétérogène, multiple, composé de tous les contraires » (Hugo). À cet effet, mêlant sur le modèle shakespearien le *sublime* et le *grotesque*, il fait éclater les limites de l'espace unique et déploie toutes les potentialités dramatiques de la durée en jouant librement avec le temps. D'une certaine façon, il constitue un nouveau genre théâtral qui tente de se substituer aux précédents, tandis que le vaudeville, qui glisse des parties chantées à l'intérieur d'un dialogue où abondent les calembours, triomphe sur les scènes comiques.

Vers la fin du XIXe siècle, s'affirme la prédominance du drame absolu, chargé de tensions dramatiques qui résultent de conflits ou de « collisions d'actions » (Hegel). La fable y révèle les différentes étapes d'une lutte dont l'enjeu se confond souvent avec une interrogation sur les valeurs humaines (*Le Canard sauvage* d'Ibsen). Quant au drame naturaliste, il présente la description des milieux sociaux et leur incidence sur l'existence des individus (*Les Tisserands* de G. Hauptmann). Mais la « crise du drame moderne » analysée par Szondi – qui tient compte de l'apport des dramaturgies épiques de Brecht ou de Piscator – entraîne une nouvelle hybridation des formes, que les esthétiques du vingtième siècle vont réinventer.

Les dramaturges du XXe siècle balaient toutes ces classifications. La notion de genre éclate. Si le théâtre dit « de boulevard » utilise encore l'appellation traditionnelle de comédie, la plupart des auteurs se contentent de sous-titrer « Théâtre » ou « pièces », les textes qu'ils produisent (« anti-pièce », précise Ionesco pour *La Cantatrice chauve*). D'autres ont recours à des nomenclatures inattendues. Ghelderode qualifie de « Pochade » son *Cavalier bizarre*, Yves Reynaud intitule « Rêverie » sa pièce *Regarde les femmes passer*, Beckett « dramaticules » ses derniers textes,

Bernhard « dramuscules » ses œuvres brèves ; certains réutilisent des appellations obsolètes avec une intention évidente de dérision : Cocteau qualifie son *Orphée* de « tragédie en un acte et un intervalle », Ionesco sous-titre *Les Chaises* « farce tragique », et *Victimes du devoir* « pseudo-drame ». D'une façon générale, le théâtre actuel s'est affranchi de toutes les étiquettes renvoyant à des genres tombés en désuétude, affirmant ainsi sa liberté et son refus des codes, mais peut-être aussi le doute profond qui désormais l'habite.

1.3 Arguments, préfaces, avant-propos, etc.

Dans l'Antiquité, les textes théâtraux sont généralement précédés d'un *argument*, sorte de sommaire de la pièce, qu'Aristote estime indispensable :

> Qu'il s'agisse de sujets déjà traités ou de sujets que l'on compose soi-même, il faut d'abord en établir l'idée générale et après seulement faire les épisodes et les développer.
>
> Aristote, Poétique, 1455, b.

L'auteur donne là des éléments permettant de comprendre la situation initiale :

> Après la destruction d'Ilion, Athéna et Poséidon décidèrent de faire périr l'armée des Achéens, l'un par bienveillance pour la ville qu'il avait bâtie, l'autre par haine des Grecs, à cause de l'attentat d'Ajax contre Cassandre. Les Grecs tirèrent au sort des femmes captives ; ils donnèrent Cassandre à Agamemnon, Andromaque à Néoptolème et Polyxène à Achille.
>
> Euripide, Argument des *Troyennes*.

Cette tradition est reprise à l'époque classique ; les comédies de Corneille offrent plusieurs exemples d'arguments, qui en résument le point de départ :

> Rosidor favori du Roi était si passionnément aimé des deux filles de la Reine, Caliste et Dorise, que celle-ci en dédaignait Pymante et celle-là Clitandre. Ses actions toutefois n'étaient que pour la première, de sorte que cet amour mutuel n'eût point eu d'obstacle sans Clitandre. Ce cavalier était le mignon du Prince, fils unique du Roi, qui pouvait tout sur la Reine sa mère, dont cette fille dépendait.
>
> Corneille, Argument de *Clitandre*.

Le même Corneille n'hésite pas à produire ses sources latines pour présenter l'argument d'*Horace* ou celui de *La Mort de Pompée*. En outre, il accompagne chacune de ses œuvres d'un « Avertissement », sorte de préface dans laquelle il justifie ses choix esthétiques et tente d'en orienter la lecture. Enfin, lors de la réédition de son théâtre, il ajoute pour chaque pièce un « Examen », dans lequel il réfléchit sur son écriture et apporte de précieuses informations concernant les conditions de la création. Racine accompagne, quant à lui, la publication de ses tragédies de préfaces, dans lesquelles il justifie ses choix dramaturgiques et esthétiques. À ceux qui estiment ténue l'action de *Bérénice*, il répond :

> Ce n'est point une nécessité qu'il y ait du sang et des morts dans une tragédie : il suffit que l'action en soit grande, que les acteurs en soient héroïques, que les passions soient excitées, et que tout s'y ressente de cette tristesse majestueuse qui fait tout le plaisir de la tragédie.
>
> Racine, Préface de Bérénice.

Molière use parfois lui aussi de la préface : il fait précéder *L'Amour médecin* d'un rapide « Avis au lecteur » et s'explique à propos de l'interdiction du *Tartuffe* : « Voici une comédie dont on a fait beaucoup de bruit, qui a longtemps été persécutée ». Marivaux écrit un « Avertissement » en prologue à l'une de ses pièces les plus ambitieuses : *Les Serments indiscrets* ; Beaumarchais s'explique longuement à propos du *Barbier de Séville* (*Lettre sur le Barbier de Séville*) aussi bien qu'en prélude au *Mariage de Figaro*, et il fait précéder *Eugénie* d'un long *Essai sur le genre dramatique*.

La bataille du drame romantique se joue elle aussi à coup de préfaces monumentales. Hugo en donne à tous ses drames, la plus longue étant celle de *Cromwell*, qui théorise le genre. Vigny fait précéder *Chatterton* d'un long texte intitulé : *Dernière nuit de travail*, et il ajoute à son adaptation du *More de Venise* une copieuse *Lettre à Lord *** sur la soirée du 24 octobre 1829 et sur un système dramatique*, prolongée par un « Avertissement ».

Au vingtième siècle, les auteurs perpétuent cet usage. Strindberg ajoute à *Mademoiselle Julie* une préface explicative dans laquelle il justifie ses options dramaturgiques :

> La pièce était prête en cinq actes quand l'impression inquiétante et morcelée qu'elle dégageait me devint sensible. Je la brûlai, et de ses cendres est sorti un seul grand acte de cinquante pages qui occupe toute une heure.
>
> A. Strindberg, Préface de Mademoiselle Julie.

Claudel fait précéder sa *Trilogie des Coûfontaine* de notes et d'avertissements où il précise ses intentions dramatiques ; Pirandello accompagne ses *Six personnages en quête d'auteur* d'une copieuse préface ; Genet explique « Comment jouer les Bonnes » ; Sartre multiplie les « Prières d'insérer », qu'il rassemble ultérieurement sous le titre : *Un théâtre de situations* ; Ionesco regroupe dans *Notes et Contre-notes* ses préfaces pour les éditions américaines de ses pièces.

Tous ces exemples soulignent suffisamment que la publication de leurs œuvres s'accompagne chez les auteurs d'une réflexion, parfois polémique, sur l'écriture dramatique. Il ne s'agit pas seulement de commentaires destinés à éclairer le lecteur qui n'a pas assisté aux représentations des pièces, mais d'une prise de parole personnelle, par laquelle les créateurs tentent de faire entendre leur voix. À un texte qui ne peut être – on le verra – qu'extérieur à eux, ils ajoutent un *paratexte* qui précise leurs intentions et affiche leurs choix esthétiques. Difficile, dès lors, de n'en pas tenir compte, même si les indications que ces commentaires apportent, tout comme les informations que fournissent les titres et les genres affichés, ne sont pas toujours exploitables pour l'analyse théâtrale.

2. Le texte

Il est problématique aujourd'hui de définir ce qu'est un texte dramatique, car on a désormais tendance à utiliser n'importe quel support textuel à des fins théâtrales et, comme Antoine Vitez, à « faire théâtre de tout » (*Catherine*, d'après *Les Cloches de Bâle* d'Aragon ; *La Rencontre de Georges Pompidou avec Mao Zedong*). On peut néanmoins relever certaines constantes qui perdurent malgré tout dans l'écriture des œuvres destinées spécifiquement à la représentation.

Contrairement au roman, qui offre de multiples présentations, le texte théâtral s'organise selon un mode intangible. Jusqu'à ces dernières années, où les traditions sont bousculées, il se présente sous deux aspects différents et indissociables : le *dialogue* et les *didascalies*. Le dialogue contient la totalité du discours dit par les personnages durant la représentation. Sous l'appellation de didascalies, préférée à celle d'indications scéniques, on regroupe tout ce qui est de l'ordre du *métatexte* permettant l'interprétation du texte.

Dans le dialogue, l'auteur s'efface derrière la parole qu'il prête à ses créatures. Au contraire, dans les didascalies, différenciées en général par la typographie, il s'exprime directement. Il donne au lecteur diverses informations, l'aidant à comprendre et à imaginer l'action ; toutefois, il s'adresse aussi à ses interprètes, au metteur en scène qui montera son œuvre, au scénographe qui concevra les décors, et il leur fournit des indications utiles, même si celles-ci ne sont pas forcément respectées. D'où le caractère ambigu des didascalies : elles désignent les éléments d'une fiction, avec les conditions qui en déterminent l'énonciation, et constituent en même temps des indications concrètes destinées à des praticiens, qui devront faire exister scéniquement cette fiction.

Cette dualité du texte théâtral constitue sa spécificité. Au-delà de toute préoccupation scénique, l'analyse du théâtre doit la prendre en compte et examiner les relations (redondances, décalages, contradictions) existant entre ces deux aspects textuels étroitement imbriqués. À la fin de chacun des actes d'*En attendant Godot* Beckett reprend en boucle le même dialogue, immédiatement contredit par la didascalie, suggérant que parole et action s'annulent réciproquement :

> VLADIMIR : Alors, on y va ?
> ESTRAGON : Allons-y. *Ils ne bougent pas.*

> Beckett, *En attendant Godot*, acte I et acte II.

2.1 Les didascalies

Dans le théâtre grec, ce terme désignait les instructions données aux acteurs pour l'exécution des œuvres et qui, de ce fait, n'étaient pas intégrées au texte lui-même. Il concerne désormais la partie du texte qui n'est pas destinée à être dite par les acteurs. Certaines réalisations contemporaines les font parfois prendre en charge dans le dialogue, brouillant ainsi les pistes et créant une *distanciation* immédiate.

Relativement peu abondantes dans le théâtre de l'époque classique, comme si les auteurs estimaient que le texte se suffisait à lui-même ou que le jeu scénique, dont ils surveillaient eux-mêmes l'exécution (Molière, Racine) obéissait à des codes suffisamment établis pour se passer d'indications, les didascalies se développent au moment où les formes de la représentation se diversifient et où les contraintes du spectaculaire se multiplient (Beaumarchais, Hugo, Feydeau). Au vingtième siècle, elles occupent chez de nombreux dramaturges une place considérable. Elles prolifèrent parfois au point de faire disparaître tout autre texte : *Acte sans paroles* de Beckett ou *Le Pupille veut être tuteur* de Peter Handke sont de longues didascalies sans dialogue. Chez certains auteurs actuels, les didascalies deviennent un matériau à dire au même titre que les dialogues, la parole de l'auteur se trouvant en quelque sorte « intégrée à celle des personnages » (J-P. Ryngaert) :

> *Anna dit à Tac* : « Embrasse-moi pour voir. » *Le mari d'Anna dit* : « Assis-toi, Anna » *Il demande à Tac* : « Tu viens au cimetière. » *Tac répond* : « Une idée d'un coup venir ici et me voilà. » *Il rit, est au comble de la joie ; d'ailleurs il dit* : « Oh quelle joie »...

> Philippe Minyana, *Pièces,* éditions Théâtrales, Paris 2001.

Dans cet exemple, la confusion entre dialogue et didascalies réduit les personnages à n'être que des silhouettes fragiles manipulées par une sorte de conteur qui les anime épisodiquement en fonction de la circularité de la parole.

• *Didascalies initiales*

Elles regroupent la liste initiale des personnages de la pièce, apportant souvent des précisions sur les rapports de parenté ou de hiérarchie existant entre eux, et parfois des indications concernant leur âge, leur caractère, leurs costumes (dans *Le Barbier de Séville*, Beaumarchais décrit par le détail chacun de ces éléments). Les constellations de personnages, leurs noms, l'ordre dans lequel ils sont cités (qui varie selon les époques), la hiérarchie sociale ou scénique que respecte ou bouscule l'auteur, autant d'éléments qui fournissent de suggestives indications. L'identité des acteurs de la création, souvent indiquée une fois les textes publiés, donne également des informations indirectes sur la conception que l'auteur se fait du personnage : pour qui sait leurs *emplois* habituels, il n'est pas sans intérêt de noter que Molière joue Alceste du *Misanthrope*, ou que Jouvet crée le rôle du Mendiant dans l'*Électre* de Giraudoux.

Ces didascalies initiales apportent aussi des informations sur les lieux et le moment où l'action se situe. Tantôt succinctes (« La scène est en Sicile », écrit Molière pour *Dom Juan* ; « Espagne 1519 », précise Hugo dans les didascalies d'*Hernani*), tantôt très développées (Beckett fait précéder *Fin de partie* de trois pages d'indications), elles induisent un traitement de l'espace et du temps qui est déterminant pour la mise en situation de l'énonciation théâtrale, et dont la réalisation scénique devra tenir compte, d'une manière ou d'une autre.

• *Didascalies fonctionnelles*

Ces didascalies déterminent une « pragmatique de la parole » (A. Ubersfeld), c'est-à-dire l'indication, avant chaque réplique, de l'identité de celui qui parle, condition indispensable à la compréhension du dialogue, encore que certains auteurs contemporains s'en dispensent (Peter Handke dans *Outrage au public*). Elles indiquent aussi les grandes séparations dramaturgiques de l'œuvre (*actes* ou *tableaux*), et les diverses unités de jeu (*scènes, séquences, fragments*). Elles peuvent parfois avoir un titre (*L'Atelier* de Grumberg : scène I, « L'essai », scène IV, « La fête »), prendre la forme d'une simple indication chiffrée, ou se limiter au « noir » qui rythme de nombreux textes contemporains.

Au début de chaque acte, ces didascalies précisent les éventuelles modifications du lieu de l'action : deux pages sont nécessaires à Ionesco pour décrire le cadre scénique du second acte de *Rhinocéros*. Dans le théâtre classique, à chaque nouvelle scène, est donnée d'emblée la liste des personnages présents sur le plateau – souvenir sans doute des scénarios de la *Commedia dell'arte*. Des indications sur l'environnement scénique (organisation de l'espace, jeu des objets, effets d'éclairage) et les éléments sonores (bruitages, musique) ou visuels (projections de photos, vidéo, films) sont parfois fournies par les didascalies. Elles rappellent le caractère *polysémique* de la représentation, cette « épaisseur de signes » (Barthes) qui, parallèlement au texte, met en jeu de nombreux systèmes extra-verbaux. Dans le théâtre *postdramatique*, elles sont indispensables.

À l'intérieur du dialogue et entre les répliques, l'auteur indique à qui la parole est adressée ; il peut signifier qu'une partie du texte d'un personnage ne doit pas être entendue par le partenaire (*aparté*). Des indications *kinésiques* (déplacements des personnages, sorties anticipées, mimiques, gestes) précisent également les jeux de scène. Elles peuvent engendrer de véritables scènes muettes ; ainsi dans Le *Mariage de Figaro*, se multiplient les séquences sans paroles :

> Suzanne lui barre le chemin ; il la pousse doucement, elle recule, et se met ainsi entre lui et le petit page ; mais pendant que le Comte s'abaisse et prend sa place, Chérubin tourne et se jette effrayé sur le fauteuil à genoux, et s'y blottit. Suzanne prend la robe qu'elle apportait, en couvre le page, et se met devant le fauteuil.
>
> Beaumarchais, Le *Mariage de Figaro*, I, VIII.

Ce procédé, qui emprunte à la pantomime, sera souvent repris dans le vaude-ville, et le théâtre de Feydeau en fournit de multiples exemples.

• *Didascalies expressives*

Ces didascalies précisent l'effet que l'auteur souhaite voir produit par le texte. Elles s'adressent au lecteur, convié à « découvrir dans la lecture tout le jeu du théâtre » (Molière), mais sont également destinées aux interprètes, à qui elles suggèrent parfois comment intervenir : façon de dire le texte (« haussant le ton »), rythme (« brusquement »), timbre de voix (« rauque », « grave »), débit de la parole (« hésitant »). Elles peuvent exprimer le sentiment qui détermine la réplique (« tristement ») et l'intention qui la sous-tend (« suppliant »), que celle-ci soit liée à l'humeur (« en colère », « souriant ») ou au caractère du personnage (« insolent », « candidement »). Il n'est pas rare qu'elles s'accompagnent d'indi-cations gestuelles.

Ainsi, lorsque Marivaux écrit dans *La Double Inconstance* (I, I) : « *Silvia paraît sortir comme fâchée* », par le mouvement initial de fuite qu'indique la didascalie, il suggère le désagrément ressenti par un personnage qui se trouve en situation de prisonnière, et laisse entendre la tonalité aigre-douce dans laquelle le dialogue avec Trivelin démarre. Libre à l'actrice jouant Silvia d'interpréter ensuite selon sa sensibilité cette situation de départ.

• *Didascalies textuelles*

Les auteurs font parfois figurer des indications scéniques à l'intérieur même du texte. Dans le théâtre de Shakespeare, la plupart des informations destinées aux acteurs se trouvent insérées dans le dialogue, sans que l'auteur éprouve la nécessité de préciser ce qui se passe sur scène :

> FRÈRE LAURENT. — Relève-toi, on frappe. Roméo, cache-toi.
> ROMEO. — Certes, non !
> FRÈRE LAURENT. — Écoute, comme on frappe. Qui est là ? Relève-toi, Roméo, ils vont te pendre ! Un instant ! Mais lève-toi donc. Cours dans mon cabinet. Je viens, je viens ! Mais qui frappe si fort ? D'où venez-vous ? Et que voulez-vous ?
>
> Shakespeare, *Roméo et Juliette*, III, 3, trad. Y. Bonnefoy.

Écoutons de même, chez Molière, *Dom Juan* s'adresser à Charlotte :

> Tournez-vous un peu, s'il vous plaît. Ah ! Que cette taille est jolie ! Haussez un peu la tête, de grâce. Ah ! Que ce visage est mignon ! Ouvrez vos yeux entièrement. Ah ! Qu'ils sont beaux ! Que je voie un peu vos dents, je vous prie. Ah ! Qu'elles sont amoureuses, et ces lèvres appétissantes ! Pour moi je suis ravi, et je n'ai jamais vu une si charmante personne.
>
> Molière, *Dom Juan*, II, II.

Le dialogue porte en lui-même les informations qui rendent inutiles des didascalies précisant le jeu scénique. Les rapports gestuels, les mimiques, les mouvements, tout est là pour qui sait lire le texte. Ces didascalies implicites font en quelque sorte coïncider le discours scénique et le discours parlé. Elles rappellent qu'à l'époque classique, les doctes récusent tout élément extérieur au texte dramatique :

> Toutes les pensées du poète, soit pour les décorations du théâtre, soit pour les mouvements de ses personnages, habillement et gestes nécessaires à l'intelligence du sujet, doivent être exprimées par les vers qu'il fait réciter.
>
> D'Aubignac, *La Pratique du Théâtre*, 1657.

Certains auteurs contemporains confèrent aux didascalies une poésie étrange qui relève plus d'un type d'écriture que de l'efficacité théâtrale. Dans *La Fête noire* de Jacques Audiberti, la didascalie liminaire « s'épaissit, s'approfondit, émerveille et s'émerveille à mesure qu'elle se bestialise » (M. Autrand), comme en témoigne cette indication initiale déconnectée de toute perspective scénique :

Ils se décollent la rétine à s'efforcer de distinguer si rien ne cloche au cabestan ralenti du jour de la terre.

Jacques Audiberti, *Théâtre II, La Fête noire.*

De même, dans *Agatha*, Marguerite Duras écrit, dans une langue qui n'appartient qu'à elle :

Ils sont d'ailleurs presque toujours détournés l'un de l'autre quand ils se parlent, comme s'ils étaient dans l'impossibilité de se regarder sans courir le risque irrémédiable de devenir des amants. Ils sont restés l'un l'autre dans l'enfance même de leur amour.

M. Duras, *Agatha.*

De façon affirmée, le langage didascalique prend alors une inflexion poétique propre à l'écriture de son auteur, qui fait oublier sa fonction métalinguistique.

2.2 Le dialogue

• *Spécificité du dialogue théâtral*

Il s'agit d'un texte écrit qui est destiné à être parlé. Des personnages communiquent avec des mots déjà écrits qui feignent de ne pas l'avoir été. Leur dialogue est construit pour être pris en charge par des acteurs qui, selon une esthétique mimétique, doivent eux-mêmes donner l'impression d'inventer les paroles qu'ils récitent. Son oralité est donc à double portée. Constatant qu'on « n'écrit presque jamais comme on parle », Marivaux reconnaît que son travail d'écrivain repose sur le désir de « saisir le langage des conversations » (Avertissement des *Serments indiscrets*). Mais la conversation que le théâtre propose n'est qu'un miroir trompeur des interactions effectives de la vie ordinaire.

Si le dialogue théâtral imite en effet la langue parlée, en marquant les hésitations, les silences et les indications phatiques du discours, il en évacue la plupart du temps les scories : répétitions, bafouillages, inachèvement, lapsus et approximations. Quitte, parfois, à les réinventer : le texte de Philippe Minyana, *Inventaires*, établi à partir d'interviews enregistrées, est totalement réécrit par l'auteur, qui fabrique des tournures incorrectes et des hésitations significatives pour mieux désigner l'oralité du discours.

Le langage théâtral se distingue de la langue écrite par l'utilisation exclusive du style direct. Le dialogue au théâtre s'inscrit en effet dans un système du présent : celui qui parle se place toujours dans l'actualité d'un ici/maintenant qu'il partage avec son allocutaire. Le passé simple ou le passé antérieur en sont pratiquement exclus, sauf dans les récits. Le jeu des pronoms se réduit à celui d'un Je/Tu, même si dans certains textes, le personnage s'exprime à la troisième personne (*Berceuse* de Beckett), imposant du coup à l'interprète une *distanciation* immédiate.

Écrit tantôt en prose, tantôt en vers, pouvant aussi bien mêler des jargons imaginaires (*Le Saperleau* de Gildas Bourdet) et la langue la plus littéraire, la fantaisie débridée d'un Novarina et l'académisme austère d'un Montherlant, le texte théâtral constitue une forme hybride. Compromis entre le langage écrit et le langage parlé, il obéit à un certain nombre de contraintes esthétiques, imposées elles-mêmes par les conventions de chaque époque, qui rappellent en permanence qu'il ne s'agit pas seulement d'une conversation mais d'une œuvre d'art.

• *Le découpage du dialogue théâtral*

Le tissu textuel est organisé le plus souvent en plusieurs parties. Selon les genres, selon les époques et aussi selon les auteurs, il est découpé en actes, tableaux, scènes, séquences, ou autres divisions.

Héritant des cinq épisodes que comportait la tragédie grecque, la tragédie classique et la tragi-comédie se présentent en cinq actes (*Phèdre*, *Le Cid*) ; la comédie est découpée tantôt en trois actes (*Les Fourberies de Scapin*), tantôt en cinq actes (*Le Misanthrope*), se limitant parfois aussi à un acte unique (*Les Précieuses ridicules*). À partir du XVIIIe siècle, le texte peut également être divisé en *tableaux* en fonction des changements de décors, l'unité de chaque tableau renvoyant à une conception picturale de la scène.

Les auteurs contemporains reprennent parfois ces divisions traditionnelles : *En attendant Godot* se présente comme une pièce en deux actes. Mais ils usent souvent d'autres dénominations pour désigner les grandes articulations de leurs textes. Certains reprennent des traditions antiques (Ionesco intitule « épisodes » les différentes parties de *La Soif et la Faim*) ; d'autres se réfèrent au mystère médiéval ou à la *comedia* espagnole (Claudel sépare en « journées » son *Soulier de satin*) ; l'un emprunte à la musique (*La Sonate et les trois messieurs* de Tardieu est découpée en trois « mouvements »), l'autre au cinéma (Pierre Mertens divise en « séquences » sa pièce *Collision*). Quelques auteurs n'hésitent pas à donner un titre énigmatique à chaque fragment de leur texte : « le bonheur », « secoué par des fièvres inconnues », « je vous crache au visage avec plaisir », « vous ne savez ce que vous dites », dans *La Bonne Vie* de Michel Deutsch. D'autres ne déterminent aucune séparation rigoureuse : Pinter se contente de signaler « noir » entre les différentes séquences de *La Collection* ou de *L'Amant*, et Pinget précise seulement « un temps long » entre les divers moments d'*Abel et Bela*.

Ces différents systèmes de découpage du texte renvoient à des considérations esthétiques. On verra que le choix des dramaturges repose à la fois sur leur façon d'appréhender le réel – selon qu'ils perçoivent le monde comme une réalité prédéterminée par une transcendance ou comme un chaos sans finalité – et sur leur manière de le raconter de façon continue ou discontinue. Actuellement, prévaut chez bon nombre d'auteurs (Müller, Vinaver) le choix de la fragmentation, qui n'est pas sans rappeler le découpage de l'écriture filmique, dont le mode de narration repose, on le sait, sur la discontinuité.

• *La double énonciation*

La théâtralité est fondée sur l'altérité. « C'est le dialogue qui représente le mode d'expression dramatique par excellence », disait Hegel, faisant écho à Platon et à Aristote. Le texte théâtral se présente donc le plus souvent sous la forme d'un dialogue. Un émetteur converse avec un récepteur, parfois plusieurs. En réalité on est confronté à « un emboîtement d'instances énonciatives » (C. Orecchioni). Le spectateur entend et voit deux personnages dialoguant ensemble (grâce à l'intervention d'acteurs qui leur prêtent une réalité physique) ; en fait, derrière eux, se tient un autre énonciateur, celui-là absent : l'auteur, qui s'adresse au public par l'intermédiaire de ses personnages. Impossible pourtant de l'assimiler à telle ou telle de ses créatures. Musset parle à la fois par la bouche de Cœlio et par celle d'Octave (*Les Caprices de Marianne*). Sa parole est nécessairement double. Il serait vain d'y chercher l'expression d'un point de vue personnel.

Le langage dramatique est sous-tendu par une *double énonciation*. Le dramaturge s'exprime seulement à travers les discours de ses personnages. « Dans le poème dramatique, il faut que le poète s'explique par la bouche des acteurs ; il ne peut employer d'autres moyens », écrit d'Aubignac dans sa *Pratique du théâtre* (1657). Même si le dialogue prend parfois la forme d'un monologue (*Lettre aux acteurs* de Valère Novarina), ou d'un assemblage de monologues (*Chambres* de Ph. Minyana), le théâtre actuel utilisant volontiers cette convention d'un soliloque sans destinataire scéniquement présent, on peut néanmoins considérer d'une manière générale que le théâtre se caractérise par le *dialogisme*. Cependant, à la différence du roman ou du conte, dont les dialogues, quand ils existent, sont rapportés et souvent commentés par un narrateur, il s'agit d'un *échange verbal direct* qui intervient entre des personnages et qui est donné sans intermédiaire. En principe, l'auteur ne parle jamais en son nom.

Lorsque le dialogue fait mine de l'oublier, il verse dans ce qu'on appelle les *mots d'auteur*, qui ont fait la fortune du théâtre de boulevard et qui soulignent l'omnipotence du créateur langagier – le scripteur – au détriment de la situation scénique. On entend alors l'auteur qui s'exprime avec toute sa virtuosité, oubliant la convention d'un discours inventé spontanément par ses personnages. La théâtralité semble bafouée.

Cependant, chez les contemporains, l'auteur s'approprie parfois le discours tenu par les personnages et parle en son nom propre. Dans *Le Sang*, Vauthier fait intervenir au sein des dialogues des embardées (« j'invente », ou bien « Mon art échoue ; j'écris mal ; mes mots restent des mots ») par lesquelles il se permet de commenter ce qui est dit, annotant en outre son texte de considérations sur ses intentions profondes et sur le traitement scénique qu'il exige :

> La furia verbale de Bada-Angelo ne s'adresse pas directement à la situation périlleuse de l'action ; elle en a l'air. Il s'agit surtout pour le Meneur de « secouer » ses acteurs. Que chacun fasse son devoir !
>
> Jean Vauthier, *Le Sang*, séquence XVIII.

Désormais, cette revendication de l'omniprésence de l'auteur parlant en son nom constitue l'un des *topoï* de l'écriture contemporaine.

• *La double destination*

Le dialogue théâtral a toujours deux *destinataires*. L'auteur s'adresse au public en même temps que ses personnages se parlent entre eux. Le spectateur découvre un discours qui feint de ne pas lui être destiné, un « langage surpris » (P. Larthomas). À l'exception des apartés qui ne doivent pas être entendus par les autres protagonistes, les paroles d'un personnage semblent formulées à l'intention d'un récepteur présent sur scène, l'allocutaire auquel elles s'adressent ; en fait, elles sont destinées à un destinataire additionnel qui surprend indiscrètement une conversation dans laquelle il n'a pas sa place : le spectateur. Celui-ci se trouve ainsi dans une situation de voyeur, témoin d'une conversation qui ne lui est pas adressée.

> Tout se passe comme si le spectateur surprenait une série de dialogues, de la même façon que nous pouvons surprendre et écouter des propos échangés sans qu'on s'aperçoive de notre présence.
>
> Pierre Larthomas, *Le Langage dramatique,* Paris, A. Colin, 1972, p. 436.

Les auteurs jouent volontiers de cette ambivalence. C'est ainsi qu'ils multiplient les « témoins indiscrets » assistant à un entretien à l'insu des deux interlocuteurs (ou d'un seul), comme autant de doubles du spectateur caché dans l'ombre. Dans *On ne badine pas avec l'amour*, Musset fait surprendre par Camille l'entretien amoureux de Perdican avec Rosette près de la fontaine ; puis la jeune paysanne est le témoin involontaire, à deux reprises, des conversations intimes des jeunes gens, ce qui provoque l'ultime coup de théâtre. Au second acte de

Britannicus, « caché près de ces lieux », Néron épie l'entretien de Britannicus et de Junie, ce qui crée immédiatement une grande tension dramatique par la menace que sa présence implique. Parfois, un personnage qui n'est pas visible sur scène se révèle le véritable destinataire du discours du locuteur : au quatrième acte du *Tartuffe*, Elmire s'adresse à Tartuffe, mais aussi à Orgon caché sous la table. L'ambivalence de ses propos (« Tant pis pour qui me force à cette violence ;/La faute assurément n'en doit pas être à moi ») prend de ce fait une savoureuse ironie qui n'échappe pas au spectateur, témoin caché, lui aussi, de l'entretien. Source tantôt de comique, tantôt de pathétique ou d'ironie tragique, la récurrence du procédé met en évidence la double destination du texte théâtral.

L'échange verbal tient compte en permanence de ce récepteur plus ou moins avoué qu'est le public. Les *scènes d'exposition* du théâtre classique doivent en particulier résoudre ce dilemme : comment deux personnages, qui savent ce qui s'est passé antérieurement et dont la connaissance est indispensable à la compréhension de l'action, peuvent-ils informer le spectateur, sans s'écarter pour autant de la vraisemblance que doit observer leur dialogue ? Dans une dramaturgie illusionniste, les subterfuges dont usent les auteurs sont multiples et portent, on le verra, la marque de leur invention.

Cette double destination du discours théâtral détermine le statut du spectateur face à l'action dramatique. Lorsque les personnages sont moins bien informés que le public sur ce qui se passe, on dit qu'il y a *surplomb* du spectateur. Ce dernier anticipe sur ce qu'apprennent les protagonistes. Il voit se refermer le piège dans lequel tel personnage fonce tête baissée, et l'un des ressorts du comique repose sur ce décalage : c'est parce qu'il sait déjà qu'Argan (dans *Le Malade imaginaire*) feint seulement d'être mort, que le public peut rire de bon cœur aux manifestations de joie de Béline à l'annonce de son veuvage. Le *quiproquo*, qu'utilisent de nombreux vaudevilles, repose également sur ce surplomb du spectateur, qui possède déjà la clef d'un malentendu dans lequel sont enfermés à leur insu les personnages. Cette position privilégiée du spectateur par rapport aux personnages est une indéniable source d'effets comiques : « Le rire vient de la supériorité » souligne Baudelaire dans son essai sur *L'Essence du rire*.

S'il y a égalité de statut entre les personnages et les spectateurs et que la découverte des informations intervient simultanément pour les deux destinataires, le suspense peut jouer pleinement. Le public découvre en même temps que les protagonistes l'évolution de l'action et il se laisse prendre par l'effet de surprise que provoquent les péripéties. Il est en mesure de partager l'émotion des personnages et de s'identifier à eux. La tension dramatique est alors extrême.

En revanche, si les personnages font allusion à des événements qu'*Eux seuls savent*, pour reprendre le titre d'une comédie de Tardieu bâtie sur ce thème, le spectateur, moins bien informé, est obligé d'interpréter des propos qu'il entend par effraction. Les paroles que les personnages échangent entre eux ne sont pas suffisantes pour garantir la communication avec cet autre destinataire. Le spectateur suit alors la pièce comme une conversation dont il doit deviner ou inventer les éléments qui lui manquent. Il est tenu de faire travailler son imaginaire pour produire du sens. Son esprit critique est sollicité. L'œuvre n'en apparaît que plus ouverte. Et mystérieuse.

Le dialogue fournit l'essentiel de ce qui constitue le théâtre. C'est lui qui, émanant de la bouche des acteurs, crée l'action et la fait progresser. C'est par lui que les personnages existent. C'est lui qui demeure sous sa forme littéraire lorsque la fête éphémère de la représentation s'est éteinte. On ne doit pas oublier pour autant qu'il n'est qu'un système de signes parmi d'autres. Le moindre texte dramatique implique la présence de corps porteurs eux aussi d'informations diverses à travers le mouvement, la gestuelle, l'intonation, etc. L'incomplétude du texte théâtral, son caractère « troué », pour reprendre le terme d'A. Ubersfeld, lui confèrent une nécessaire ambiguïté qui garantit la fragilité et, en même temps, la pérennité de l'œuvre théâtrale, recommencée sans cesse et jamais identique. Même s'il ne constitue qu'une part du théâtre, son analyse s'avère indispensable.

2
Structures de l'action dramatique

Le théâtre est l'espace d'un simulacre. Il donne à voir et rend présent ce qui n'existe pas, comme si cela existait. Cette représentation, que Platon distingue de celle intervenant dans la narration, est l'imitation – la *mimesis* – d'une succession d'actions fictives accomplies par des êtres vivants, dont les comportements montrent comment ils réagissent face aux événements. L'action se trouve au cœur du fait théâtral. L'étymologie (l'adjectif dramatique vient du verbe grec *dran*, qui signifie : faire, agir) rappelle que le drame imite des gens qui *font* quelque chose. Aristote note à propos de la tragédie qu'il s'agit de « l'imitation d'une action de caractère élevé et complète, imitation qui est faite par des personnages en action et non au moyen d'un récit ». Que la dramaturgie cherche à donner l'illusion d'une action se déroulant effectivement devant nous, ou qu'elle se revendique comme chez Brecht système artificiel destiné à produire une fiction, le théâtre ne raconte pas, il montre. Il est une fiction active.

L'ambiguïté de cette affirmation est flagrante. Même s'il n'opère pas sur un mode narratif, le théâtre raconte pourtant une histoire. La fable (*mythos*) est « comme le principe et l'âme de la tragédie », dit Aristote. C'est bien un récit qui s'exprime à travers des actions. Par ailleurs, la représentation théâtrale montre des personnages se livrant à l'action de parler. Difficile de déterminer à quel moment le statut de la parole cesse d'être seulement verbal. Le langage est en effet un moment de l'action et, « comme dans la vie, il est fait pour donner des ordres, défendre des choses, exposer sous la forme de plaidoiries les sentiments [...] pour convaincre, pour défendre ou pour accuser, pour manifester des décisions, bref, toujours en acte » (Sartre). Pourtant, si en général un personnage parle pour agir effectivement sur l'autre, ou pour faire avancer l'action, la parole peut parfois aussi constituer l'unique activité des protagonistes, qui se contentent de remplacer toute action visible par l'énonciation de leur difficulté à communiquer. On se demande alors si l'histoire que propose la pièce s'exprime à travers ce que racontent les personnages ou dans leur inaction bavarde (*La Cantatrice chauve*).

I. L'organisation du texte dramatique

Le texte théâtral présente une organisation dans laquelle on distingue trois niveaux : celui de la *fable*, celui de l'*action* et celui de l'*intrigue*. La fable renvoie à l'ensemble des événements qui composent l'histoire racontée ; l'action correspond à ce que la pièce donne à voir sur scène, et l'intrigue désigne l'enchaînement particulier des événements.

1.1 La fable

Du latin *fabula*, le terme désigne d'une manière générale « la suite de faits qui constituent l'élément narratif d'une œuvre » (Le Robert). Dans le théâtre grec, la fable est systématiquement empruntée à un mythe connu des spectateurs et antérieur à l'œuvre dramatique. Elle est le matériau dont s'inspire l'auteur dramatique. À l'époque classique, les auteurs se servent encore du terme pour évoquer les sources mythologiques dans lesquelles ils puisent leur sujet. Racine l'utilise quand il justifie sa différence avec ses modèles :

> Il ne faut pas chicaner les poètes pour quelques changements qu'ils ont pu faire dans la fable ; mais il faut s'attacher à considérer l'excellent usage qu'ils ont fait de ces changements, et la manière ingénieuse dont ils ont su accommoder la fable à leur sujet.
>
> Racine, Préface d'*Andromaque*.

À partir du XVIIIᵉ siècle, la fable revêt une acception différente. Elle apparaît comme la structure spécifique de l'histoire racontée par la pièce. Elle renvoie à la façon personnelle dont l'auteur traite son sujet : « Toute invention, à laquelle le poète associe une certaine intention, constitue une fable », dit Lessing. Le mot désigne la succession des événements montrés dans la pièce. La fable cesse de renvoyer au matériau emprunté à la mémoire collective pour devenir une structure narrative. L'invention de l'auteur se manifeste dans l'agencement du récit.

Avec Brecht, cette notion prend une inflexion nouvelle. Bâtir la fable, c'est désormais présenter un point de vue à la fois sur l'histoire racontée par la pièce, mais aussi sur l'Histoire (considérée dans une perspective marxiste) :

> La fable est le cœur du spectacle théâtral. Dans ce qui se produit entre les hommes, ne permet-elle pas de livrer tout ce qui peut être discuté, critiqué, transformé ? La grande entreprise du théâtre, c'est la fable, composition globale de tous les processus gestuels, contenant toutes les informations et les impulsions dont sera fait, désormais, le plaisir du public.
>
> B. Brecht, *Petit Organon pour le théâtre*.

Ne se limitant plus à la succession chronologique des éléments qui constituent l'armature de l'histoire représentée, la fable devient une structure morcelée offrant un ensemble signifiant complexe. Loin de masquer « les incohérences de l'histoire racontée » (Brecht), la fable met en évidence les contradictions qui entravent la continuité de l'action. Ainsi, dans *Mère Courage*, elle fait apparaître la situation contradictoire à laquelle se heurte le personnage d'une mère qui cherche à la fois à faire commerce avec la guerre et à en épargner ses enfants. Tous les participants du spectacle collaborent, à l'élaboration de la fable, mettant à nu les contradictions de l'action et ses perspectives :

> La tâche du théâtre est d'expliciter la fable et d'en communiquer le sens au moyen d'effets de distanciation appropriés La fable est explicitée, bâtie et exposée par le théâtre tout entier, par les comédiens, les décorateurs, les maquilleurs, les costumiers, les musiciens et les chorégraphes. Tous mettent leur art dans cette entreprise commune, sans abandonner pour autant leur indépendance.
>
> B. Brecht, *op. cit.*

À travers la notion de fable, que celle-ci renvoie seulement au *signifié* du texte, ou qu'elle concerne déjà le *signifiant*, c'est donc tout ce qui touche à l'aspect narratif de l'œuvre qui est en cause. Pour le lecteur qui cherche à savoir ce qu'un texte raconte, comme pour le metteur en scène qui doit définir ce qui doit être joué, la détermination de la fable, même réduite à sa plus simple expression, constitue l'indispensable point de départ de l'analyse théâtrale.

Ce travail de repérage de la fable exige une approche rigoureuse et délicate. Par la succession des actions, il s'agit d'identifier ce que le texte raconte, c'est-à-dire reconstituer les événements représentés, sans privilégier un point de vue particulier ; il faut se garder de toute lecture partisane et éviter de choisir, par exemple, entre le point de vue de Sganarelle ou celui de Dom Juan pour dégager la fable du *Dom Juan* de Molière. Établir une chronologie rigoureuse des événements, ainsi que l'espace dans lequel ils interviennent, est un moyen efficace pour déterminer la fable, à condition de distinguer ce qui constitue véritablement l'action et ce qui renvoie aux sentiments et aux discours des personnages.

Encore faut-il toutefois qu'existe une fable : les auteurs contemporains ne fondent plus leurs textes sur cette dimension narrative. Les personnages de *Fin de partie* de Beckett ricanent de l'hypothèse qu'ils puissent « signifier quelque chose ». La notion même de fable s'est diluée. *Inventaires* de P. Minyana se présente comme le tissage de trois monologues féminins articulés autour de quelques objets communs et familiers, composant une pièce qui exprime la solitude à travers l'entrecroisement d'éléments sans cohérence. Difficile dès lors de rechercher la fable dans un théâtre qui en fait l'économie. Certains auteurs procèdent selon une écriture fragmentaire qui récuse d'emblée la perspective d'un principe organisateur. Introduisant la rupture, la multiplication des points de vue, la pluralité et utilisant la citation aussi bien que la documentation brute comme autant d'éclats d'actions, ils proposent des oeuvres hybrides qui tiennent davantage du collage surréaliste que du théâtre. Le dramaturge Heiner Müller s'en explique :

> Lorsque je vais au théâtre, je remarque qu'il m'est toujours de plus en plus ennuyeux de ne suivre qu'une seule et même action au cours de la soirée. Lorsque dans le premier tableau on amorce une action, lorsque dans le second on en commence une autre qui n'a rien à voir, puis une troisième, puis une quatrième, alors là c'est divertissant, agréable, mais ce n'est plus la pièce parfaite.
>
> Heiner Müller, *Gesammelte Irrtümer*, Francfort, 1986, p. 21.

D'où ces textes hétérogènes qui semblent le produit d'une décomposition aléatoire et souvent mystérieuse, et offrent à des metteurs en scène inventifs un *matériau* dont la fragmentation devient le principe esthétique (*Médée Matériau*, *Hamlet-Machine*).

1. 2 L'action

> L'action est constituée par l'ensemble des changements concernant les personnages à partir d'une situation initiale et aboutissant à une situation finale selon la logique d'un enchaînement de cause à effet.
>
> Patrice Pavis, *Dictionnaire du théâtre*.

Élément qui a longtemps défini la théâtralité dans les dramaturgies de l'action, le conflit dramatique résulte de l'opposition de forces antagonistes. Il met aux prises deux ou plusieurs personnages confrontés à une même situation. Pour visualiser la combinatoire des forces qui interviennent dans le drame et leur fonction dans l'action, certains théoriciens ont proposé un modèle susceptible d'en dégager, au-delà des caractères particuliers, les éléments constitutifs. En quête d'un outil suffisamment abstrait pour s'appliquer aux dramaturgies les plus diverses, et sur le modèle de Propp qui, dans sa *Morphologie du conte*, définissait les fonctions fondamentales des personnages, A. Ubersfeld a mis au point, à partir des recherches de Souriau (*Les Deux Cent Mille Situations dramatiques*) et de Greimas (*Sémantique structurale*), une démarche définissant la construction syntaxique de toute action dramatique : le *modèle actantiel*.

• *Le modèle actantiel*

Le modèle actantiel permet une approche immédiate de la structure profonde de l'action. Il s'attache à déterminer dans la configuration narrative quelles sont les fonctions respectives d'*actants*, lesquels sont aussi bien des abstractions que des personnages. Il offre ainsi une sorte de photographie instantanée du système des forces en présence qui dessinent, à un moment donné, une figure structurale.

Le modèle actantiel formule le rapport intrinsèque des forces structurant la situation dramatique selon une combinatoire invariable de six actants qui assument une fonction syntaxique au sein de l'action, envisagée comme une phrase. Le schéma suivant établit leur configuration :

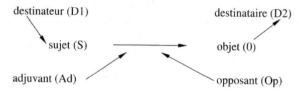

Selon ce schéma, un *sujet*, poussé par un *destinateur* qui l'incite à agir, est orienté vers ce qui constitue l'*objet* de sa quête ou de son désir (entité ou personnage). Aidé par un *adjuvant* qui l'assiste dans la réalisation de son désir, il agit pour un *destinataire* qui est le bénéficiaire de l'action, et se heurte à un *opposant* qui contrarie son projet et l'empêche de se réaliser. Ce schéma apparaît comme « l'extrapolation d'une structure syntaxique » (Greimas) dans laquelle ces six fonctions recouvrent celles qui interviennent dans le modèle linguistique.

À chaque situation nouvelle correspond un schéma différent, car les rapports entre les actants du drame sont inévitablement amenés à évoluer. L'action est constituée par la transformation de situations successives. Dans la même pièce, à une pluralité d'actions correspond donc une pluralité de *schémas actantiels*. Seule la disposition des six fonctions demeure invariable.

• *Les actants*

Les actants ne sont pas tous forcément incarnés. Ils ne se confondent pas nécessairement avec les personnages de la pièce. Ils peuvent renvoyer à des abstractions : idées ou valeurs (l'amour, la cité), à des objets (*Un chapeau de paille d'Italie*), ou à un personnage collectif (le chœur dans la tragédie antique).

Ils fonctionnent le plus souvent par couples : toute situation dramatique présente un sujet animé (incarné par un personnage ou par un groupe) qui veut agir sur un objet (un autre personnage ou une abstraction constituant l'objet de son désir, de sa haine, de son ambition, etc.). La flèche du schéma renvoie au mode d'action qui s'établit entre le sujet et son objet (désir, haine, volonté de pouvoir). Il est indispensable de repérer ce premier couple, car cet axe détermine la dynamique de l'action. La relation de ces deux actants constitue en général l'enjeu le plus visible de la pièce ; elle peut être réversible quand l'action tourne autour du désir amoureux, même s'il est vrai que la tradition fait souvent de l'actant féminin un objet et de l'actant masculin un sujet :

> Rodrigue aime Chimène, Chimène aime Rodrigue : le modèle actantiel qui prendrait Chimène pour sujet serait aussi légitime que l'autre. Seule la contrainte sociale, le code, limitent les possibilités pour l'actant féminin d'être constitué en sujet.
>
> A. Ubersfeld, Lire le théâtre.

Le sujet se confond souvent avec le *héros* éponyme de la pièce. Quelques exemples fameux font exception : le véritable sujet, dans *Britannicus*, est Néron et, dans Le *Barbier de Séville*, le Comte Almaviva est davantage sujet que Figaro, pourtant présent dans le titre de l'œuvre.

Le deuxième couple oppose l'adjuvant et l'opposant. La fonction d'adjuvant regroupe tout ce qui apporte son concours au sujet dans la réalisation de son désir ; celle d'opposant rassemble ce qui contrarie sa réalisation : personnages, obstacles matériels ou intérieurs. Les valets de la comédie (Scapin, Frontin) sont traditionnellement les adjuvants des jeunes gens dans leurs entreprises amoureuses, tandis que les barbons ou les maris jaloux constituent les opposants habituels du théâtre classique.

Ces actants peuvent permuter entre eux ; l'adjuvant devenir l'opposant ou inversement. Goneril et Regan, les filles aînées du Roi Lear, ont la fonction d'adjuvants auprès de leur père tant qu'il s'agit de se partager le royaume ; par la suite, dans leur infamie, elles se révèlent les pires opposantes. Il n'est pas facile non plus de discerner à quel moment Sganarelle se fait l'adjuvant – et le complice – de Dom Juan et à quel moment il s'érige en opposant du « grand seigneur méchant homme ».

Le troisième couple destinateur et destinataire est celui qui s'avère le plus ambigu, car il se trouve rarement incarné par des personnages. Si le destinataire se confond souvent avec le sujet de l'action (lorsque celui-ci agit pour son propre compte), le destinateur se présente la plupart du temps sous une forme abstraite. Pour le définir, une lecture attentive de la pièce est indispensable. Des considérations idéologiques se mêlent à diverses motivations, entraînant des contradictions sur la signification de l'action. Dans *Le Cid*, Rodrigue est porté à la fois par un impératif moral (venger son père), par un devoir social (ne pas trahir sa lignée) et par une exigence intérieure (se conformer à sa « gloire »). Ce triple destinateur détermine les scrupules héroïques du personnage. Dans *Lorenzaccio*, l'idéal politique qui suscite l'engagement de Lorenzo et sa détermination à « travailler pour l'humanité », interfère avec des pulsions plus ambiguës :

> Le désir qu'éprouve Lorenzo, pulsion narcissique vers une Florence identifiée à lui-même (ou à la mère), désir quasi sexuel pour la « liberté de Florence », se retourne par toute une série de passages métonymiques en désir de tuer le tyran (Clément VII puis Alexandre de Médicis) et finit par se confondre avec le désir du tyran lui-même – cette passion pour Alexandre qui n'est pas pure feinte, mais aussi pulsion de mort.

A. Ubersfeld, op. cit.

• *Intérêt et limites du modèle actantiel*

Le modèle actantiel offre l'intérêt de traiter les personnages non comme des caractères particuliers mais en unités appartenant au système global de l'action, selon un réseau de relations qui les définissent de façon complémentaire. Au-delà de toute considération psychologique, il fait apparaître des relations qui déterminent l'évolution de l'action dramatique. Comme il n'existe pas de schéma unificateur parcourant la pièce dans sa globalité, mais une pluralité de grilles qui donnent à l'œuvre toute sa complexité, il permet de vérifier l'évolution de l'action et les fonctions successives qu'y occupent les personnages.

Par son schématisme, le modèle actantiel permet de mieux cerner les véritables enjeux dramatiques, parfois masqués par les apparences de la fable. Il met en évidence les rapports physiques et la configuration des différents personnages. Observons le schéma initial de *La Double Inconstance* de Marivaux :

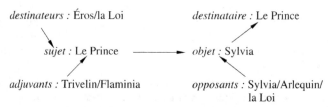

destinateurs : Éros/la Loi   *destinataire :* Le Prince

sujet : Le Prince ⟶ *objet :* Sylvia

adjuvants : Trivelin/Flaminia   *opposants :* Sylvia/Arlequin/ la Loi

Si le Prince remplit incontestablement la fonction de sujet, déterminé dans sa quête de l'objet Sylvia à la fois par son désir amoureux et par l'obligation de « choisir une épouse entre ses sujettes », on constate que l'action progresse surtout par l'intervention des adjuvants Trivelin et Flaminia. Ce qui est riche de sens : limité par une Loi qui lui « défend d'user de violence contre qui que ce soit », le pouvoir du Prince repose sur les collaborateurs qui travaillent pour lui. La critique sociale est parfaitement lisible : quand un Prince, tout charmant qu'il soit, délègue l'initiative à ses adjuvants, il se transforme en une sorte de marionnette étrangère à son propre désir. Le personnage n'apparaît effectivement qu'à deux reprises dans l'acte I, venant aux nouvelles, comme indifférent à sa propre histoire d'amour. Le schéma actantiel a ici le mérite de replacer chaque personnage dans sa relation aux autres et disqualifie du même coup ce héros presque inexistant.

Quant aux limites du modèle actantiel, elles tiennent à sa trop grande généralité. Les fonctions de destinateur et de destinataire renvoient souvent à des abstractions. Leur détermination risque de reposer parfois sur des partis pris démonstratifs ou simplificateurs. La Cité, la Loi, Éros ou Dieu occupent fréquemment la case destinateur, mais les enjeux demeurent vagues et la situation n'est guère clarifiée pour autant. Enfin, si l'analyse actantielle permet d'évacuer la tentation d'une interprétation exclusivement psychologique, elle n'efface pas la notion de personnage. La construction de celui-ci, on le verra, ne se limite pas au seul point de vue fonctionnel.

1.3 L'intrigue

On entend par ce terme l'agencement des éléments et des événements qui permettent à l'action d'avancer. Structure de surface de la pièce, l'intrigue en fournit la trame dynamique. Déterminer l'intrigue d'une pièce, c'est donc repérer les mécanismes qui font progresser le conflit dramatique.

• L'exposition

Dans un théâtre où l'action se présente selon un enchaînement de causes et d'effets, il s'agit du moment où l'auteur livre les éléments indispensables à la compréhension de la situation. L'exposition constitue une convention dramaturgique qui pose les bases de l'action. Au spectateur qui ignore ce qu'il va voir, elle précise les données du conflit : évocation du passé, présentation des protagonistes, état de la situation. Plus l'intrigue est complexe, plus l'exposition doit être développée. Détaillant toutes les informations utiles, elle ne doit pas s'étendre au-delà des premières scènes de la pièce :

> L'exposition doit instruire du sujet et de ses principales circonstances, du lieu de la scène et même de l'heure où commence l'action, du nom, de l'état du caractère et des intérêts de tous les principaux personnages.
>
> Anonyme du XVIIe siècle, *Les Caractères de la tragédie*.

Pour ne pas rebuter le public, selon les théoriciens de l'époque classique, une bonne exposition doit être à la fois « entière, courte, claire, intéressante et vraisemblable ».

L'exposition, ou *protase,* se présente sous une forme tantôt *statique* et tantôt *dynamique*. Elle est statique lorsqu'elle se réduit à une conversation durant laquelle s'échangent des informations à propos d'événements antérieurs que, pour une raison vraisemblable, l'un des interlocuteurs ne connaît pas. Ce peut être à l'occasion d'un retour de voyage :

> [...] Un voyage en Asie entrepris
> Fait que, nos deux séjours divisés par Neptune,
> Je n'ai point su depuis quelle est votre fortune ;
> Je ne fais qu'arriver.

Corneille, Médée, I, I.

ou lors des retrouvailles d'amis qui ne se sont pas revus depuis longtemps :

> Oui, puisque je retrouve un ami si fidèle
> Ma fortune va prendre une face nouvelle ;
> Et déjà son courroux semble s'être adouci

Racine, Andromaque, I, I.

Une narration parfois très longue intervient alors, de façon vraisemblable, sous forme de *récits*, qui multiplient les références à des événements passés, au risque de retarder le commencement de l'action véritable.

L'exposition est *dynamique* quand les informations sont transmises en action. Il peut s'agir d'un conflit engagé avant le lever du rideau, qui oppose les protagonistes. *Le Médecin malgré lui* démarre par une querelle qui va jusqu'aux coups de bâton, entre Sganarelle et Martine. Les griefs que se renvoient les deux époux renseignent le spectateur sur la situation initiale. Leur passé commun surgit à travers des allusions qui prennent progressivement sens.

L'exposition peut immédiatement plonger les spectateurs *in medias res* : l'exposition du *Tartuffe*, modèle du genre selon Goethe, orchestre dans la première scène les doléances des divers membres de la famille d'Orgon à travers une poursuite où chacun tente de retenir Madame Pernelle, grand-mère contrariée. À la scène suivante, avec le retour d'un Orgon obnubilé par les faits et gestes du seul Tartuffe, les données du conflit familial se précisent. Non seulement la situation d'ensemble est posée, accompagnée de précisions sur chacun des protagonistes, mais la multiplication des points de vue contradictoires concernant Tartuffe aiguise chez le spectateur une attente qui mettra deux actes à être comblée.

Loin de toute vraisemblance, l'exposition peut aussi s'effectuer par un procédé qui affiche immédiatement sa théâtralité : le prologue. Emprunté au théâtre antique, dans lequel un monologue initial expose souvent l'origine du conflit dramatique, on le trouve chez Shakespeare (*Roméo et Juliette*) comme chez Claudel (*Le Livre de Christophe Colomb*) ou chez Brecht, qui informe directement les spectateurs des données de l'action en fournissant les repères nécessaires à sa compréhension :

> Aujourd'hui,/nous voulons vous montrer un certain personnage/Préhistorique, issu des plus anciens âges./Il s'agit de l'être appelé propriétaire,/Gros animal bouffi, superflu sur la terre./Si quelque part on le laisse faire, il s'installe,/Et devient pour les gens un fléau national./Vous allez tous le voir s'ébattre en liberté/Dans un pays plein de noblesse et de beauté,/Et si l'humble décor ne l'évoque à vos yeux,/Notre texte peut-être y réussira mieux.
>
> B. Brecht, *Maître Puntilla et son valet Matti*, trad. Michel Cadot.

• *Le nœud dramatique*

Toute situation dramatique repose sur la nature des relations existant entre les personnages d'une pièce. Elle prend le plus souvent la forme d'un conflit, qui se caractérise par la rencontre des forces antagonistes du drame. La façon dont s'articulent, sans aucun arbitraire, les obstacles qui contrarient les désirs des personnages constitue ce qu'on appelle le *nœud dramatique* :

> Le nœud d'une tragédie comprend les desseins des principaux personnages et tous les obstacles propres ou étrangers qui les traversent. Il va ordinairement jusqu'à la fin du quatrième acte, et dure quelquefois jusqu'à la dernière scène du cinquième.
>
> Morvan de Bellegarde, *Lettres curieuses de littérature et de morale*, 1702.

Ces obstacles sont de plusieurs sortes : ils peuvent être *extérieurs*, si la volonté du héros se heurte à celle d'autres personnages. Un parent qui s'oppose aux amours de ses enfants constitue l'obstacle extérieur que l'on retrouve dans maintes comédies. Ils sont *intérieurs* lorsque les malheurs du personnage sont causés par un sentiment qu'il porte en lui : la passion qui anime Phèdre est l'obstacle intérieur qui la pousse à sa perte. Ils peuvent également se conjuguer tous deux : la mort du Comte, dans *Le Cid* est un obstacle extérieur que Rodrigue et Chimène intériorisent. Ils peuvent enfin se révéler purement *imaginaires*, reposant sur un quiproquo (dans *La Place royale* de Corneille, Cléandre, croyant enlever Angélique, se trompe et enlève Phylis), sur une méprise (dans *Le Jeu de l'amour et du hasard* de Marivaux, Dorante courtise Silvia, persuadé qu'il s'agit d'une femme de chambre) ou sur une erreur (dans *La Comédie des erreurs* de Shakespeare, les deux frères jumeaux ignorent chacun l'existence de l'autre, ce qui multiplie les situations équivoques).

• *Les péripéties*

Ce renversement de situation constitue à l'origine, selon Aristote, l'amorce du dénouement : « la péripétie est le retournement de l'action en sens contraire ». Il offre tant de possibilités pour relancer l'action que, dès l'époque baroque, il cesse d'être unique et se multiplie au point que le terme, utilisé au pluriel, désigne désormais une succession d'événements imprévus.

Tantôt rebondissement, quand un fait nouveau survient après un temps d'arrêt dans l'action, tantôt coup de théâtre, lorsqu'un événement inattendu modifie brutalement la situation, les péripéties alimentent la tension dramatique. Plus elles sont nombreuses, plus l'intrigue devient complexe. Quiproquos multiples (*Un fil à la patte* de Feydeau), méprises (dans *Roméo et Juliette*, Roméo croit Juliette morte et se suicide sur le corps de celle qui se trouve seulement dans un état de léthargie), fausses nouvelles (annonce de la mort de Thésée, dans *Phèdre*), travestissements, autant de procédés qui permettent à l'action de rebondir. La comédie, le mélodrame et le drame romantique multiplient les péripéties fondées sur la reconnaissance d'un enfant perdu ou volé qu'un indice – lettre (*Lucrèce Borgia*), médaillon (*Le Triomphe de l'amour*), bracelet (*Les Fourberies de Scapin*), cicatrice (*Le Mariage de Figaro*) – permet d'identifier. Ionesco s'amuse de cette convention théâtrale, en bâtissant une scène entière de *La Cantatrice chauve* sur la reconnaissance burlesque des deux époux Martin.

• *Le dénouement*

La disparition des obstacles qui formaient le nœud amène la résolution du conflit. Cette résolution s'accompagne du passage du malheur au bonheur ou inversement du bonheur au malheur. Quand les contradictions sont effacées et que les différents fils de l'intrigue sont enfin dénoués, le dénouement qui constitue « le dernier moment de la pièce » (J. Schérer), peut survenir. Le théâtre classique considère que celui-ci, pour être réussi, doit être à la fois *nécessaire*, *complet* et *rapide*.

Nécessaire, cela implique qu'il découle logiquement de la situation et qu'il apparaisse comme la seule issue possible du drame. Le hasard en est banni. « Le dénouement de la pièce, dit Racine, est tiré du fond même de la pièce. » Les interventions extérieures sont donc exclues et le *deus ex machina* du théâtre antique est rarement employé, même si certains dénouements de tragédie et de comédie s'y apparentent. Ne sachant parfois comment conclure, Molière y a recours : dans *Tartuffe*, l'arrivée de l'exempt, représentant d'un « Prince ennemi de la fraude », constitue une intervention merveilleuse – dont le caractère artificiel suggère indirectement le danger que les faux dévots font courir à la société.

Complet, le dénouement ne doit laisser aucun problème posé par la pièce sans solution. Il ne tolère aucune incertitude sur le sort de tous les protagonistes ; d'où la tradition que la dernière scène rassemble le plus grand nombre des personnages. Ainsi, dans *Britannicus*, la mort du jeune prince, qui intervient à la scène IV du dernier acte, ne termine pas la pièce. Quatre scènes sont encore nécessaires pour préciser le destin des autres personnages. Racine s'en justifie ainsi :

> La tragédie étant l'imitation d'une action complète où plusieurs personnages concourent, cette action n'est point finie que l'on ne sache en quelle situation elle laisse ces mêmes personnes.
>
> Racine, Préface de Britannicus.

Le dénouement doit enfin intervenir le plus tard possible, afin de tenir l'intérêt du public en éveil. En même temps, il doit être rapide, car, comme le dit Corneille, « le spectateur est dans l'impatience de voir la fin ». Cette dernière exigence est parfois difficile à concilier avec la précédente.

Ces impératifs concernant le dénouement instaurent une dramaturgie de la clôture qui suppose que, la pièce achevée, tout est réglé. Quelques œuvres laissent pourtant subsister une incertitude, offrant le champ libre à l'imaginaire du spectateur : à propos du dénouement du *Cid*, d'Aubignac, dans sa *Pratique du théâtre*, estime que « la pièce n'est pas finie », puisque Corneille confie au temps le soin de démêler ce qu'il adviendra du couple Rodrigue/Chimène. Dans *Cinna*, où une fin d'apparence heureuse conclut la pièce, la prophétie de Livie annonçant le début d'une ère de paix civile pour Rome n'indique pas combien de temps durera cet illusoire bonheur. L'ambiguïté demeure.

La dramaturgie ouverte de notre époque refuse cette conception d'un dénouement apportant la résolution définitive d'un conflit. Brecht entend laisser au spectateur le soin de trouver la solution au problème posé durant la pièce. À la fin de *La Bonne Âme de Setchouan*, il l'interpelle ainsi : « Va, cher spectateur, trouve une solution, il le faut, il le faut ! » Michel Vinaver ne donne pas la solution de l'énigme de type policier qu'il propose dans sa pièce *L'Émission de télévision*. Ionesco, pour sa part, ironise sur la nécessité de la fin théâtrale :

> C'est la mort qui clôture une vie, une pièce de théâtre, une œuvre. Autrement, il n'y a pas de fin. C'est simplifier l'art théâtral que de trouver une fin et je comprends pourquoi Molière ne savait pas toujours comment finir. S'il faut une fin, c'est parce que les spectateurs doivent aller se coucher.
>
> E. Ionesco, Entretiens avec Claude Bonnefoy, Paris, Belfond, 1966.

Ses pièces présentent donc souvent une structure circulaire où la situation initiale est reconduite selon un processus générateur à la fois de comique et d'angoisse. À la fin de *La Cantatrice chauve*, la didascalie précise :

> La pièce recommence avec les Martin qui disent exactement les répliques des Smith dans la première scène, tandis que le rideau se ferme doucement.
>
> E. Ionesco, *La Cantatrice chauve*, sc. XI.

Une nouvelle élève surgit à l'issue de *La Leçon*, venant s'ajouter aux quarante victimes de l'odieux professeur. Même figure d'un impossible dénouement chez Beckett : à la fin de *En attendant Godot*, les deux dernières répliques reprennent celles qui fermaient l'acte I. Par tous les moyens, le théâtre contemporain entend ainsi rester ouvert.

2. L'agencement de l'action dramatique

2.1. Questions de dramaturgie

L'agencement de l'action, qui conditionne la structure externe de l'œuvre, obéit à une logique reposant à la fois sur des considérations esthétiques et sur des conventions théâtrales variables selon les époques. Selon que la réalité est perçue comme une globalité homogène et unifiée ou au contraire comme un ensemble fragmentaire et éclaté, la dramaturgie organise le récit de façon différente. Tantôt, comme dans le théâtre classique, le drame est construit selon un principe organisateur dont la progression suppose que le déroulement de chaque partie engendre nécessairement la suivante, selon une logique rigoureuse interdisant les vides ou les recommencements ; faute de pouvoir étirer l'action sur des jours, des mois ou des années, et dans l'impossibilité de tout montrer, l'auteur opère alors des choix dans ce qu'il dramatise, ce qui détermine le découpage de l'œuvre. Tantôt, inversement, le drame est construit de façon fragmentaire, multipliant les ruptures, induisant l'hétérogénéité d'actions diverses, simultanées ou successives. Le théâtre élisabéthain, celui du Siècle d'Or espagnol et, d'une façon plus générale, les dramaturgies baroques présentent ce type de d'organisation. Plus près de nous, le théâtre brechtien reprend ce mode de construction fragmentée.

Dans les années soixante, se développe en Europe un théâtre qui s'éloigne de la dramaturgie traditionnelle. Des auteurs comme Armand Gatti (*La Seconde Existence du camp de Tatenberg*) ou Peter Weiss (*L'Instruction*) présentent non plus des fictions, mais des sortes de documentaires théâtraux consacrés à de grandes questions politiques et/ou morales posées par des faits avérés : camps de concentration nazis, bombe atomique sur Hiroshima, guerre du Vietnam…Leurs oeuvres sont comme autant de pièces à conviction tentant d'exposer la réalité. Loin d'obéir à une présentation dramatique en proposant une fable élaborée à partir de faits réels, l'écriture repose sur la confrontation de documents historiques, de témoignages rapportés, de considérations objectives, faisant penser à des audiences judiciaires auxquelles le public serait invité à participer. Cependant, la structuration des documents rassemblés, leur découpage, leur présentation alternée et souvent orientée idéologiquement aboutissent à une forme hybride, qui tient à la fois de l'oratorio (*L'Instruction* de Peter Weiss) et de la dramatisation ritualisée (*Requiem pour Srebrenica* d'Olivier Py).

D'autres dramaturges utilisent comme support théâtral des procès-verbaux, tels ceux d'un conseil de classe ordinaire dans un lycée (P. Boumard et J.-L. Benoît), ou les minutes d'un tribunal (*Le Palais de justice* de Jean-Pierre Vincent). On n'est pas loin de ce dont rêvait Zola quand il définissait la *tranche de vie* comme « un fait se déroulant dans sa réalité et soulevant chez les personnages des passions et des sentiments dont l'analyse exacte serait le seul intérêt de la pièce. Et cela dans le milieu contemporain ».

Pour préciser les différentes approches dramaturgiques que ces divers découpages imposent, Michel Vinaver distingue dans son analyse des Écritures dramatiques les *pièces-machines* et les *pièces-paysages*, terme qu'il emprunte à Gertrude Stein comparant le théâtre dont elle rêve à un paysage.

• *Les pièces-machines*

Certaines pièces se présentent comme de véritables horlogeries dont les rouages s'articulent avec une précision rigoureuse. L'engrenage inexorable de l'action de la tragédie d'Œdipe, qu'évoque *La Machine infernale* de Cocteau, peut ainsi être mis en parallèle avec le mécanisme parfaitement ajusté des vaudevilles de Feydeau, qui fonctionnent selon un mouvement et un rythme d'une implacable logique. Ce rapprochement inattendu suggère la notion de *pièce-machine*, dans la tragédie aussi bien que dans le drame ou la comédie.

> La pièce machine est celle dont le système de tension repose sur une intrigue centrée, unitaire, ou sur un problème à résoudre, mettant en conflit des personnages aux oppositions marquées, habités par des passions, des sentiments, des vices ou des défauts, des idées cernées ou moins cernables.
>
> M. Vinaver, *Écritures dramatiques*.

L'action repose alors sur un enchaînement de causes et d'effets. Elle obéit à plusieurs impératifs codés qui déterminent une dramaturgie où la fable, l'intrigue et la structure profonde de l'action sont étroitement imbriquées dans une progression cohérente. Transmettant les informations et faisant évoluer les situations, la parole est l'instrument essentiel de l'action : c'est par elle que les conflits s'expriment et que les oppositions se concrétisent.

• *Les pièces-paysages*

À l'inverse d'une dramaturgie obéissant au principe de nécessité, depuis la fin du XIXᵉ siècle chez des auteurs comme Tchekhov ou Strindberg, puis dans de nombreuses pièces contemporaines, le fonctionnement dramatique s'avère plus aléatoire. L'action est a-centrée, plurielle, formée d'instants juxtaposés ou reliés entre eux de façon contingente. Elle progresse « par reptation aléatoire ».

> Dans la pièce-paysage, il n'y a pas d'exposition préalable d'une situation ; celle-ci émerge peu à peu, comme on découvre un paysage avec tous les composants du relief notamment les thèmes, mais aussi les idées, les sentiments, les traits de caractère, les bribes d'histoire, les fragments du passé qui se font jour.
>
> M. Vinaver, *op. cit.*

De même que l'ordre d'un monde régi par la causalité est remis en question – comme la tonalité en musique ou la perspective en peinture –, le principe de nécessité n'est plus l'organisateur de la fable théâtrale. Dans *Abel et Bela* de Robert Pinget, par exemple, deux comédiens élaborent divers projets de pièce sans parvenir à construire la moindre intrigue cohérente. La dynamique qui parcourt l'œuvre repose sur une foule de bribes d'histoires, de projets avortés, de souvenirs, de fragments d'un passé hypothétique qui s'enchevêtrent. La parole se confond avec l'action elle-même. Le présent du discours est la seule réalité sur laquelle se concentre l'intérêt et la pièce ultime se définit comme la somme de toutes les ratures produites. Abel le constate pour finir :

> On le tient le texte ! Ce serait tout. Le dialogue sur la mort, l'enfance, les miracles, la découverte de l'amour ; le sous-bois, le dépotoir, le séminaire, la mère dénaturée, le tribunal, tout, tout. Et pour commencer bien entendu, la partouze à la présidence.
>
> R. Pinget, *Abel et Bela.*

Dans ce type de dramaturgie, le spectateur est invité à tenir un rôle actif, puisqu'il doit organiser lui-même les relations entre les différents éléments qui lui sont proposés et en élaborer en permanence le sens.

2.2 Le découpage de l'action dramatique

Le texte dramatique se présente rarement comme un ensemble compact. Le plus souvent, il est structuré par une segmentation à la fois de la fable et de sa mise en oeuvre, qui influe nécessairement sur la production du sens. Selon que l'auteur suit la logique d'une action nécessaire et continue, ou favorise la juxtaposition de moments discontinus, obéissant à une poétique de l'instant, le découpage qui confère à l'œuvre sa construction externe présente des formes différentes.

• *L'acte*

La tradition grecque ne connaît pas de segmentations, les différents épisodes de la tragédie étant seulement séparés par les interventions du chœur. L'acte, dont l'utilisation apparaît dans le théâtre latin (Térence, Sénèque), est la division fondamentale de l'action dramatique. Celui-ci renvoie aux différents moments de l'action envisagée dans sa structuration narrative. « C'est un degré, un pas de l'action. C'est par cette division totale en degrés que doit commencer le travail du poète » (Marmontel). Chaque acte marque une étape importante de son déroulement selon les trois fonctions fondamentales du récit : la *protase*, qui est la mise en route des éléments dramatiques, l'*épitase*, durant laquelle le nœud se resserre, et la *catastrophe* où le conflit se résout.

La division en actes du théâtre classique coïncide avec la volonté d'inscrire l'action dans une continuité s'exprimant par une construction chronologique entrecoupée néanmoins de plusieurs ellipses temporelles (les entractes), indispensables à l'efficacité dramatique. Le fonctionnement en est assez cohérent pour déterminer un véritable engrenage de causes et d'effets.

Le découpage doit donc fournir tous les éléments permettant de saisir l'enchaînement de l'action dans sa progression. De là viennent certaines contraintes de la dramaturgie classique : chaque acte doit posséder une cohérence interne et en même temps offrir une progression par rapport au précédent. D'où également l'inévitable suspense à la fin de chaque acte et, d'une manière plus générale, ce qu'on appelle l'*unité d'action*.

• *Le tableau*

La référence picturale du terme suggère que cette fragmentation de l'action renvoie à des considérations plutôt plastiques ou spatiales. Pourtant, le changement de décor que la notion suggère ne suffit pas à en définir la spécificité. Le découpage en tableaux laisse en effet supposer que le dramaturge s'intéresse moins au déroulement de l'action qu'à ses ruptures. Chaque unité, dans son autonomie, constitue un tout, indépendant de ce qui précède et de ce qui suit, dont le sens ne se dessine que par un travail critique du spectateur.

La division en tableaux joue sur la discontinuité de l'action. Elle permet de présenter, dans une succession qui ne correspond pas forcément à une chronologie bien établie, une série de points de vue différents, comme autant d'éclats d'une réalité qui a perdu son sens. Les lieux se multiplient, la temporalité peut s'inscrire aussi bien dans la simultanéité que dans l'évocation de tranches de temps très espacées ; c'en est fini d'une approche unificatrice de l'action. Celle-ci est fragmentée en séquences autonomes, progressant par paliers, sans que les situations découlent nécessairement les unes des autres. *La Vie de Galilée* de Brecht relate à travers une succession de tableaux les contradictions d'un savant qui passe pour « méfiant dans le domaine de la science et crédule comme un enfant dans ce qui paraît faciliter son exercice ». Elle met en évidence les compromissions de l'individu dans l'Histoire.

• *La scène*

Le terme, pris ici dans une acception qui exclut les autres sens du mot relatifs à la scénographie, désigne une subdivision matérielle du découpage interne de l'action. À l'époque classique, la scène se définit par l'entrée ou la sortie d'un nouveau personnage. Les conventions théâtrales, liées à l'impératif de vraisemblance, entraînent diverses exigences dans l'agencement des scènes successives : l'espace ne peut rester vide, un personnage doit justifier ce qui l'amène en scène ou ce qui l'en fait sortir, etc. Cela impose différents types de liaisons entre les scènes : *liaison de vue*, quand le personnage « qui entre sur le théâtre voit celui qui en sort » (Corneille), *liaison de présence*, lorsqu'un acteur « ne sort point du théâtre sans y laisser un autre à qui il ait parlé », *liaison de bruit* quand un personnage est amené en scène par un événement sonore. Dans le théâtre moderne, cette subdivision de l'acte tend à disparaître. Peu d'auteurs en tiennent compte. Par dérision, Ionesco, dans *La Cantatrice chauve*, utilise encore le strict découpage en scènes selon l'apparition de nouveaux personnages, poussant jusqu'à l'absurde cette convention.

• *Le fragment*

Quant aux divers découpages de la dramaturgie contemporaine, ils correspondent à une fragmentation délibérée du discours théâtral. Les auteurs se dispensent d'obéir à une logique et à un ordre qui refuse le hasard. Le monde est déconstruit dans un éparpillement généralisé. Tout ne pouvant être dit, l'écriture théâtrale, jouant de l'alternance des vides et des pleins, assemble des fragments, juxtapose des bouts de scène incomplets, mélange citations de textes divers et miettes de dialogues, obtenant ainsi de singuliers effets de collage comparables à ceux d'un Jean-Luc Godard dans *Sauve qui peut (la vie)*. L'action se dilue en une succession d'instants discontinus, reliés entre eux de façon apparemment aléatoire. *Germania 3* de Heiner Müller évoque l'effondrement des idéologies dans l'Allemagne contemporaine à travers une succession de séquences qui mêlent citations littéraires, brèves histoires, récits rapportés et dialogues interrompus. Dans ce collage ironique de fragments indépendants (en apparence), la forme dramatique trouve une expression adaptée aux convulsions de l'Histoire.

2.3 La progression dramatique

• *L'unité d'action*

Cette prescription, à laquelle se soumettent les auteurs de l'époque classique, repose sur une affirmation de *La Poétique* d'Aristote :

> La fable, qui est représentation d'action, ne doit imiter qu'une seule action complète, dont les parties doivent être disposées de telle sorte qu'on n'en puisse déranger ou enlever une sans altérer l'ensemble.
>
> Aristote, *Poétique*, 1451a.

Le principe d'unité implique une concentration de l'action qui s'articule selon une cohérence organique. Unifiée autour d'une histoire principale, la matière narrative s'organise logiquement en fonction d'une nécessité exclusive. Unité d'action ne signifie pas action unique et n'est pas davantage synonyme de simplicité. Plusieurs intrigues secondaires peuvent intervenir, à condition que des rapports étroits existent entre elles et l'action principale : aucune des intrigues accessoires ne peut disparaître sans rendre la pièce inintelligible ; tous les éléments en sont fournis dès le début et trouvent leur conclusion au dénouement ; ils doivent s'enchaîner sans intervention du hasard et exercer une influence effective sur le déroulement de l'action. Malgré des données complexes, l'action de *Phèdre*, par exemple, repose sur une unité sans faille : l'amour interdit d'Hippolyte pour Aricie, « fille et sœur des ennemis mortels de son père », précise Racine, que rend désormais possible l'annonce de la mort de Thésée, déclenche la jalousie de Phèdre et précipite son suicide. Les différents plans (événementiel, politique, amoureux) des intrigues exposées dès le début sont étroitement liés entre eux pour former une action complexe mais unique. Cette unité d'action renvoie elle-même à une vision unitaire et homogène de l'homme. Qu'elle disparaisse et la représentation cesse d'offrir cet arbitraire sécurisant. À l'image de la vie foisonnante, elle n'est plus que « bruit et fureur ».

• L'orchestration de l'action

Dans le théâtre élisabéthain, plusieurs actions progressent parallèlement, s'entrecroisent, se répondent d'une façon qui s'apparente à une composition musicale. Deux actions courent en alternance tout au long du *Roi Lear* : l'une mettant aux prises le vieux roi, incapable de reconnaître l'amour que lui porte Cordélia, qu'il spolie en faveur de ses filles aînées, l'autre centrée autour de Gloucester, qui bannit son fils légitime au profit du bâtard Edmond. Entre ces deux actions, de subtils liens thématiques tissent un contrepoint quasi-musical, qui laisse admiratif Victor Hugo :

> À côté de la tempête dans l'Atlantique, la tempête dans un verre d'eau. L'idée bifurquée, l'idée se faisant écho à elle-même, un drame moindre copiant et coudoyant le drame principal, l'action traînant sa lune, une action plus petite sa pareille. L'unité coupée en deux.

V. Hugo, William Shakespeare.

Le théâtre romantique s'inspire de cette pluralité. Dans *Lorenzaccio*, Musset mène de front plusieurs actions dramatiques qu'il entrecroise avec brio. L'enjeu florentin en est toutefois le point de convergence. Lorenzo tisse en solitaire le projet meurtrier qui fera de lui un tyrannicide ; les Strozzi tergiversent sur les moyens à utiliser pour restituer la liberté à Florence ; la marquise Cibo sacrifie son honneur pour tenter d'infléchir la politique d'Alexandre de Médicis ; dans l'ombre, plus soucieux de son propre intérêt que de celui de l'Église, le cardinal Cibo tire les ficelles qui lui permettent de contrôler le pouvoir. Par ce faisceau d'actions différentes subtilement mises en relations les unes avec les autres, Musset crée l'illusion d'une vie foisonnante, dans le désordre de laquelle la réflexion sur l'action débouche sur une véritable leçon de pessimisme moral et politique.

• Les ressorts de l'action

La dramaturgie des pièces-machines repose sur une tension jamais relâchée qui, à partir d'une impulsion première, mène inévitablement à un épilogue redouté ou souhaité. Le théâtre spécule sur l'attente du spectateur, soumis au suspense produit par l'agencement des événements qui conduit jusqu'à la résolution finale. Ce que R. Demarcy, dans ses *Éléments d'une sociologie du spectacle*, nomme « l'attente anxieuse de la fin », est obtenu par l'exacerbation des passions, l'accumulation des effets de surprise et la progression de la courbe dramatique selon une parabole convergeant vers la catastrophe finale.

La parole y est parfois action, mais elle est avant tout instrument d'une action et au service de celle-ci. C'est elle qui met en conflit les personnages différenciés et permet d'exprimer alliances et oppositions. Obéissant à un principe de cohérence et d'identité, un même personnage ne peut en même temps éprouver un sentiment et son contraire, même s'il lui arrive parfois d'être partagé entre des affects qui se contrarient, tel Rodrigue écartelé entre l'amour et le devoir. L'action avance par un enchaînement de causes et d'effets obéissant au principe de nécessité. Et l'intérêt du spectateur demeure concentré sur le déroulement des événements représentés, que ce soit sur le mode tragique ou à travers le jaillissement de la *comédie d'intrigue*. Ce qu'au XIXe siècle on appelle la *pièce bien faite* (Scribe) repose sur cette application quasi mécanique d'un schéma continu et progressif dans lequel les ficelles dramatiques qui maintiennent en éveil l'attention du spectateur sont parfaitement repérables.

La dramaturgie des pièces-paysages repose, au contraire, sur le surgissement de la parole et les frottements divers qu'elle occasionne dans ses décalages. Le spectateur est invité à utiliser son imagination pour tisser les relations possibles entre les événements et construire le sens. La tension dramatique est fondée sur un permanent effet de surprise. C'est d'elle que peut surgir la relation critique au spectacle :

> Afin que le public ne soit surtout pas invité à se jeter dans la fable comme dans un fleuve pour se laisser porter indifféremment ici ou là, il faut que les divers éléments soient noués de telle manière que les nœuds attirent l'attention. Les événements ne doivent pas se suivre imperceptiblement, il faut au contraire que l'on puisse interposer son jugement.
>
> Bertolt Brecht, *Petit Organon pour le théâtre*.

Cette segmentation en multiples parties, que les auteurs nomment indifféremment séquences, scènes, morceaux ou mouvements, produit un effet de kaléidoscope ou de puzzle, laissant au spectateur la liberté de combler les vides narratifs ou au contraire de se laisser emporter par la béance d'une écriture volontiers chaotique. Échappant aux genres traditionnels, comédie, tragédie, drame, l'action des pièces-paysages repose sur un système générateur de tensions qui s'instaure dans le surgissement toujours inattendu de la parole. Le théâtre de Nathalie Sarraute, par exemple, semble totalement dépourvu d'intrigue. Les deux personnages de *Pour un oui pour un non*, désignés seulement H.1 et H.2, se parlent sans qu'aucun élément ne vienne justifier la tension qui se crée entre eux et que seul le départ de l'un pourrait résoudre. Aucun élément extérieur n'intervient. Seules les paroles prononcées par chacun des personnages créent un semblant d'action. Dans l'absence d'une action unitaire construite autour d'un problème à résoudre, les instants se succèdent de façon autonome les uns par rapport aux autres. De même, la progression de *Fin de partie* de Beckett n'est pas le résultat d'une intrigue déterminée par une quelconque nécessité ; elle procède seulement des frottements qui apparaissent à travers les propos qu'échangent les personnages, paroles brèves et vaines qui sont comme autant de témoignages d'une vie en voie d'épuisement : « Quelque chose suit son cours ». Nous ne saurons jamais pourquoi.

Ce travail de clarification de l'action dramatique constitue la première tâche de l'analyse du texte théâtral. Il permet de dégager les éléments structurels de l'œuvre et de faire apparaître sa cohérence interne. Il ne doit pas perdre de vue que si, pour les modernes, le travail de création porte la marque de l'invention de chaque auteur, les principes qui déterminent l'écriture du théâtre classique reposent sur un système normatif qui tient compte à la fois d'exigences morales (la bienséance) et de considérations esthétiques dont les critères s'appuient sur Aristote. Le respect des règles complexes de la composition dramatique qui en découle est garant de la réussite de l'œuvre. L'oublier fausserait totalement les perspectives.

L'espace dramatique

Aller au théâtre, c'est prendre place dans un espace aménagé à cet effet. Mais c'est également entrer par effraction dans un autre espace, celui de la fiction, qui pour un temps se superpose à celui dans lequel on a pénétré, sans jamais pourtant l'occulter tout à fait. Spectacle vivant, le théâtre s'inscrit nécessairement dans l'espace. Celui-ci est présent dans le texte théâtral, dont il constitue une catégorie dramaturgique essentielle. Car même s'il peut se présenter d'abord sous une forme purement livresque, le texte théâtral ne devient pleinement *théâtre* qu'à partir du moment où il est projeté dans une spatialité déterminée par le travail de la représentation.

1. L'espace théâtral

L'espace théâtral se définit par une dualité caractéristique : il suppose d'une part, l'organisation d'un espace de la représentation, l'*espace scénique*, lieu réel dans lequel le rapport entre les spectateurs et les acteurs s'inscrit selon des dispositions variables en fonction des âges et des cultures (théâtre en rond, salle à l'italienne, amphithéâtre frontal) ; il se nourrit d'autre part d'un espace purement imaginaire, l'*espace dramatique*, destiné à prendre forme selon des critères esthétiques échappant en partie à l'auteur lui-même, qui constituent les choix artistiques du metteur en scène et du scénographe. Cette dualité fondamentale existe à l'état latent au cœur du texte théâtral, comme un non-dit, qu'il s'agit de débusquer.

1.1 L'espace scénique

Par cette expression, on entend la partie du théâtre où se déroule le spectacle. Autrement dit, l'espace matériel dans lequel évoluent les acteurs, le lieu des corps en mouvement. Chaque époque organise celui-ci selon des paramètres différents, qui changent en fonction des innovations architecturales, des modes de jeu, des conditions sociologiques de la représentation et de la fonction morale ou esthétique accordée au théâtre. De la sphère de l'Antiquité au cube de la salle à l'italienne, puis à l'éclatement de la scène contemporaine – et sans entrer dans le débat de savoir qui, de l'architecture scénique ou de la dramaturgie, a infléchi l'autre –, il s'avère que la matérialité de la scène a une incidence sur l'écriture dramatique. Écrivant des œuvres destinées à être jouées, les auteurs tiennent compte, consciemment ou non, des conditions de la représentation, que ce soit en s'y conformant ou en les récusant (*Théâtre dans un fauteuil* de Musset).

L'organisation de l'espace scénique concerne le type de relation qui s'impose entre les spectateurs et les acteurs et d'autre part l'agencement de l'aire de jeu. La dichotomie scène/salle s'avère peu sensible au niveau des textes, encore que certains contemporains n'hésitent pas à en jouer :

> Vous êtes assis en rangs d'oignons. Vous êtes un modèle du genre. Vous êtes placés dans un certain ordre. Vous regardez dans une certaine direction. Assis à distance égale l'un de l'autre. Vous êtes un auditoire. Vous formez une parfaite unité. Vous êtes un auditoire assis dans un théâtre.
>
> P. Handke, *Outrage au public*.

En revanche, sa matérialité joue un rôle considérable dans la structuration spatiale de l'action. Ainsi l'architecture complexe de la scène élisabéthaine, avec ses différents niveaux, permet la juxtaposition des mouvements de foule ou de combats (la *plat-form*), des affrontements politiques (le *recess*) et des scènes de la vie privée (la *chamber*). Grâce aux possibilités offertes par l'espace scénique polyvalent de son époque, Shakespeare nous transporte d'une lande désolée à une salle d'audience du château de Macbeth ou dans une chambre du palais de Duncan, sans autre justification que la seule nécessité dramatique. À l'inverse, l'encombrement de la scène au XVIIe siècle par les banquettes de spectateurs privilégiés réduit l'espace de la tragédie classique à une dimension presque abstraite. Le « palais à volonté » racinien s'inscrit dans un espace scénique étroit et peu profond qui ne permet guère de mouvements de foules. L'histoire des peuples laisse la place à l'introspection individuelle.

Des habitudes scéniques d'une époque se dégagent des codes qui déterminent les contraintes du texte théâtral et finissent par définir son esthétique. Au monde ouvert, multiple et foisonnant de la scène baroque succède l'univers clos, intime et plus feutré du théâtre classique, sans qu'il soit possible de savoir si les philosophies de l'espace qui structurent ces deux visions du monde sont mimétiques d'une manière datée d'appréhender le réel ou déterminées par les contraintes techniques et les habitudes culturelles de la société qui les produit. « Le lieu scénique est toujours mime de quelque chose » (A. Ubersfeld) et l'espace constitue l'expression la plus immédiate d'une idéologie inscrite en creux dans la représentation théâtrale.

Certaines mises en scène contemporaines s'inscrivent dans des espaces sans rapport avec le théâtre (stade olympique, usine ou carrière désaffectée, centrale électrique, etc.). L'aire de jeu ainsi créée instaure aussitôt un rapport différent entre les spectateurs et les acteurs, lesquels occupent provisoirement un lieu qui est inhabituel aux uns comme aux autres. Le regard porté sur la réalité quotidienne aussi bien que sur la fiction théâtrale en est nécessairement modifié.

1.2 L'espace dramatique

L'espace est une donnée immédiate du texte de théâtre. Toute parole énoncée par un personnage sort d'un lieu qui devient aussitôt constitutif du sens du discours. Les fameuses stances de Polyeucte prennent toute leur signification si on les considère effectivement comme un discours de la prison, ce qui leur confère paradoxalement une véritable portée métaphysique. Pareillement, l'intarissable soliloque de Winnie dans *Oh les beaux jours* de Beckett ne prend sens que par l'enlisement dans le sable du personnage, jusqu'à la taille au premier acte, jusqu'au cou au second acte.

C'est pourquoi il est nécessaire de définir l'espace dramatique dans lequel l'auteur place son action : c'est lui qui conditionne l'ensemble du texte. Cet espace est doublement ambivalent : espace fictif imaginé par l'auteur, parfois même totalement utopique (*L'Île des esclaves* de Marivaux), il est destiné à prendre une existence concrète à partir du moment où la représentation scénique lui donne une réalité – qui n'est qu'une interprétation soumise à toutes les distorsions provoquées par l'intervention subjective d'un scénographe ou d'un décorateur.

Représentation d'un référent absent (Rome dans *Britannicus*, Florence dans *Lorenzaccio*), renvoyant à des lieux géographiques inscrits souvent dans l'histoire, l'espace est également déterminé par la gestuelle des personnages. Par là même, il affirme en permanence sa théâtralité. Il se trouve en effet soutenir un rapport de similitude avec ce qu'il est chargé de représenter par l'organisation de l'aire de jeu (décor, praticables, etc.), mais demeure en même temps une structure abstraite, entièrement modulée par les mouvements et les rapports physiques des comédiens qui l'investissent.

L'espace dramatique se réduit rarement à l'espace réel dans lequel les personnages évoluent. Il se double le plus souvent d'un ailleurs qui, lui, demeure en permanence imaginaire. Pour la commodité de l'analyse, on distingue donc un *espace actuel* et un *espace virtuel*.

• *L'espace actuel*

Il s'agit de l'espace (fictif) dans lequel les personnages parlent, évoluent et se rencontrent dans la réalité visible et concrète de l'espace scénique. L'espace actuel peut être unique : la pièce se passe dans un même lieu, la maison d'Harpagon par exemple, dans *L'Avare* de Molière, ou le hall d'hôtel de *La Musica* de Duras ; on sait que la dramaturgie classique pose cette unité de lieu comme une règle rigoureuse, encore qu'inégalement respectée. Mais il peut aussi changer au cours de la pièce : Brecht promène les personnages de *Maître Puntilla et son valet Matti* de l'hôtel de Tavasthus à l'entrée du domaine de Kurkela, d'une place de village du Tavasland au marché d'embauche de Lammi, puis à la propriété même de Puntilla, dans laquelle on passe de la cour à la cuisine, de la salle à manger à la bibliothèque.

Quoi qu'il en soit, l'inscription de la fable dans un lieu unique ou multiple exige cette spatialité concrète, qui est à la fois organisation de l'aire de jeu et représentation d'un fragment de l'univers.

• *L'espace virtuel*

C'est celui qui échappe au regard des spectateurs. Il existe seulement par l'évocation qui en est faite, par la parole ou par le geste des personnages. Il est parfois signifié métonymiquement par un élément aperçu à travers une fenêtre ou par l'entrebâillement d'une porte, qui laisse supposer l'ailleurs entourant l'espace actuel. Ainsi, un bout de rampe d'escalier suffit à Boris Vian, dans *Les Bâtisseurs d'empire*, pour indiquer la verticalité de l'espace. Cet espace virtuel peut également être créé par des bruitages ou par une musique. À l'acte III de *La Cerisaie* de Tchekhov, les échos d'un orchestre juif suggèrent la proximité d'un vestibule où une fête se prolonge ; et à la fin de la pièce, le bruit des haches qui abattent les arbres donne à l'espace virtuel du verger une présence saisissante.

Paradoxalement, cet espace virtuel confère davantage de réalité à l'espace actuel, dans la mesure où il inscrit l'action dans un environnement qui se prolonge au-delà du cadre scénique. Son existence, qui n'est pas soumise aux impératifs d'une scénographie hasardeuse, fait appel à l'imaginaire du spectateur. Les auteurs classiques le savent bien, qui y situent la plupart des événements de leurs pièces, pour respecter sans doute les bienséances, mais surtout afin de leur donner plus de vraisemblance. Toutes les actions importantes se passent dans les coulisses.

Dans cet espace absent, on distingue un *espace prochain* et un *espace lointain*. L'espace prochain – ou contigu – est coextensif à l'espace actuel. Il est supposé se trouver de l'autre côté de la scène, dont il constitue le prolongement virtuel. Quand un personnage quitte la scène, il est censé continuer d'exister ailleurs, même s'il échappe à notre vue. Dans *Le Cid*, Rodrigue pousse le Comte hors scène pour se battre en duel avec lui. Lorsque, dans *Tartuffe*, Damis sort « du petit cabinet où il s'était retiré », cela signifie qu'au-delà de l'espace actuel, dans lequel Elmire vient de subir les assauts de Tartuffe, l'appartement d'Orgon offre plusieurs autres pièces contiguës d'où les personnages peuvent surgir à tout moment : « J'étais en cet endroit d'où j'ai pu tout entendre », affirme le jeune homme. L'espace prochain permet d'inscrire l'espace actuel dans une réalité sensible qui conditionne la vraisemblance d'un univers cohérent, à l'image de l'opposition qui structure la relation existant entre la scène et le spectateur dont Damis s'est fait le double.

Le théâtre naturaliste attache une grande attention à cette existence virtuelle de l'espace prochain : au Théâtre Libre, Antoine dresse le plan complet de l'appartement où se jouera *Le Canard sauvage* d'Ibsen avant de définir l'espace précis, que révélera la suppression du « quatrième mur », et dans lequel se déroule l'action. Cela conditionne jusqu'aux mouvements mêmes des personnages et l'implantation des espaces de circulation (portes, fenêtres, etc.).

L'espace lointain renvoie lui aussi à un ailleurs. Mais celui-ci a une existence plus incertaine. Il peut se situer par exemple dans le passé des personnages : le petit village d'où la Silvia de *La Double Inconstance* a été enlevée constitue la référence permanente d'un paradis perdu qu'on essaie de lui faire oublier. Il peut aussi prendre une valeur purement mythique ou onirique : la ville de Moscou, dans *Les Trois Sœurs* de Tchekhov, constitue pour Olga, Macha et Irina un lieu magique vers lequel convergent tous leurs rêves, sans que jamais celui-ci ne se concrétise scéniquement. On verra que cet espace invisible peut constituer une composante essentielle de l'action dramatique.

Notons enfin l'existence d'un troisième lieu, pour reprendre l'expression que propose Jacques Schérer dans *La Dramaturgie de Beaumarchais*. Il s'agit d'une partie de l'espace scénique qui se trouve simultanément actuelle et virtuelle. C'est par exemple l'alcôve de la Comtesse, dans Le *Mariage de Figaro*, dans laquelle se cache Suzanne qui ne peut utiliser le cabinet contigu où s'est déjà réfugié Chérubin ; ou encore la table recouverte d'un tapis sous laquelle s'est dissimulé Orgon, afin d'épier le comportement de Tartuffe avec Elmire. Ce lieu surajouté qui échappe au regard crée une tension dramatique, et le théâtre d'intrigue y recourt volontiers : que l'on songe à toutes les armoires du théâtre de boulevard, refuges habituels des amants qui risquent d'être surpris (*Boubouroche* de Courteline).

• *La circulation*

Les moyens de communication existant entre l'espace actuel et l'espace virtuel prochain sont souvent eux aussi porteurs de sens. Dans un espace intérieur, salon ou chambre, les personnages entrent en général par une porte. Espace de circulation entre le dedans et le dehors, la porte peut également prendre une valeur symbolique selon son orientation (*Il faut qu'une porte soit ouverte ou fermée* de Musset). Feydeau fait un usage étourdissant du mécanisme forcené des portes ouvertes ou fermées : *La Dame de chez Maxime* joue avec virtuosité des nombreuses possibilités d'un espace à multiples entrées, dans lequel doit être tenu caché un personnage introduit d'abord par inadvertance.

Il arrive aussi que la circulation s'effectue par des voies plus inattendues qu'une porte. La fenêtre en particulier. Celle par laquelle saute Chérubin pour sortir de chez la Comtesse, dans *Le Mariage de Figaro*, constitue le lieu de passage obligé de la clandestinité. À elle seule, elle est déjà une ouverture sur la transgression. De manière métaphorique, les personnages du théâtre de Ionesco l'empruntent pareillement pour s'en aller : c'est en se jetant par la fenêtre que les vieux des *Chaises* prennent congé de l'espace dans lequel ils circulaient, pourtant pourvu d'un nombre impressionnant de portes ; Amédée, dans *Amédée ou Comment s'en débarrasser*, ne parvient à fuir l'envahissement de son espace par un cadavre qu'en sautant lui aussi par la fenêtre.

La cheminée peut constituer également un espace de circulation par lequel un personnage investit l'espace actuel : Don César, à l'acte IV de *Ruy Blas* de Hugo, l'emprunte pour une entrée tonitruante.

2. L'espace dans le texte théâtral

Le repérage des lieux actuels ou virtuels qui permet l'élaboration de l'espace dramatique d'une pièce s'opère à la fois par la lecture attentive des didascalies et par l'analyse du discours des personnages.

2.1 Les didascalies spatiales

Elles constituent le premier repère qui permet de circonscrire l'espace imaginaire du texte. Selon les auteurs et les esthétiques, les informations spatiales qu'elles fournissent sont tantôt succinctes, tantôt développées : « la scène est à Naples » indique Molière pour *Les Fourberies de Scapin*, sans plus de commentaire, comme si cette information suffisait pour faire surgir un espace mythique, nourri à la fois de *commedia* italienne et d'exotisme encanaillé ; Beaumarchais, au contraire, après avoir indiqué, dans les didascalies du *Mariage de Figaro*, que « la scène est au château d'Aguas-Frescas, à trois lieues de Séville », précise, acte par acte, les différents espaces dans lesquels se déroule l'action et dont il va avoir besoin :

> Le théâtre représente une chambre à coucher superbe, un grand lit en alcôve, une estrade au devant. La porte pour entrer s'ouvre et se ferme à la troisième coulisse à droite ; celle d'un cabinet à la première coulisse à gauche. Une porte, dans le fond, va chez les femmes. Une fenêtre s'ouvre de l'autre côté.
>
> Beaumarchais, *Le Mariage de Figaro*, II.

Ionesco plante avec minutie l'espace du premier acte de *Rhinocéros*, une petite place banale, comme s'il voulait permettre à l'effet de surprise d'être plus total lorsque, dans ce cadre fleurant bon la province, surgira un rhinocéros :

> Une place dans une petite ville de province. Au fond, une maison composée d'un rez-de-chaussée et d'un étage. Au rez-de-chaussée, la devanture d'une épicerie. On y entre par une porte vitrée qui surmonte deux ou trois marches. Au-dessus de la devanture est écrit en caractères très visibles le mot : ÉPICERIE. L'épicerie se trouve donc dans le fond du plateau, mais assez sur la gauche, pas loin des coulisses. On aperçoit, au-dessus de la maison de l'épicerie, le clocher d'une église, dans le lointain. Sur la droite, légèrement en biais, la devanture d'un café.

> E. Ionesco, *Rhinocéros*, I.

À l'inverse, M. Vinaver ne fait précéder d'aucune indication spatiale sa pièce *Dissident, il va sans dire*, comme s'il tenait à laisser le dialogue se développer dans un espace incertain, où la moindre reconstitution naturaliste irait à l'encontre du minimalisme du texte.

Ces exemples soulignent assez que les auteurs usent diversement des indications scéniques permettant d'imaginer l'espace dans lequel ils inscrivent leurs fables. Et les indications qu'ils donnent demandent à chaque fois à être interprétées avec prudence. Sont-elles simples directives de régie ou bien invitent-elles à explorer une poétique de l'espace ?

2.2 L'espace dans le dialogue

Des indices spatiaux se trouvent également à l'intérieur des dialogues, permettant d'imaginer l'espace dramatique. Tout ce que Molière appelle le « jeu du théâtre » s'inscrit ainsi dans le texte même. Il suffit d'un peu d'attention pour le décrypter. Les patronymes constituent une première indication spatiale : ainsi, l'italianité de *Lorenzaccio* s'inscrit dès la lecture du générique et la multiplication des noms de grandes familles florentines fait surgir un espace à la fois géographique et historique. Les patois parlés par certains personnages dénotent l'espace d'où ils proviennent : par leur seule façon de parler, les paysans de *L'Héritier de village* de Marivaux nous entraînent aussitôt dans un espace rustique, de même que Charlotte et Pierrot dans le *Dom Juan* de Molière nous invitent d'emblée à la campagne.

Les dialogues apportent aussi des indications sur la relation que les personnages entretiennent avec l'espace. L'entrée d'un personnage peut ainsi se voir signifiée par le texte. Dans cette séquence d'*Andromaque*, à travers le commentaire de Pyrrhus, Racine indique l'entrée de son héroïne, puis il évoque l'espace dans lequel on retient Astyanax, lequel ne sera d'ailleurs jamais visible :

> PYRRHUS (Andromaque paraît.). — Me cherchiez-vous, madame ?
> Un espoir si charmant me serait-il permis ?
> ANDROMAQUE. — Je passais jusqu'aux lieux où l'on garde mon fils.
>
> Racine, Andromaque, I, III (fin) et IV.

Les mouvements des personnages dans l'espace sont également perceptibles à travers certaines indications du texte. Le début de l'entretien entre Louison et Argan, dans *Le Malade imaginaire*, laisse imaginer la relation mutuelle qui s'instaure entre le père et sa fille, ainsi que la façon dont chacun investit l'espace :

> LOUISON. — Qu'est-ce que vous voulez, mon papa ? Ma belle maman m'a dit que vous me demandiez.
> ARGAN. — Oui, venez çà, avancez là. Tournez-vous, levez les yeux, regardez-moi. Eh !
>
> Molière, Le Malade imaginaire, II, VIII.

Par son champ lexical, le texte théâtral offre des indications spatiales sous les formes les plus variées : indications géographiques, déterminations locales, adverbes ou compléments de lieu, verbes de mouvement, il convient de relever tous ces éléments qui construisent un système métaphorique de l'espace. Les images poétiques sont elles aussi à prendre en considération. Suggéré par une métaphore spatiale d'une charge symbolique saisissante, le jeu antithétique de la chute et de l'ascension exprime par une image spatiale la portée sociale de *Mademoiselle Julie* de Strindberg :

> JULIE. — J'ai fait un rêve et je me le rappelle en ce moment. Grimpée tout en haut d'un pilier, j'y suis assise sans aucune possibilité d'en descendre ; j'ai le vertige en baissant les yeux, et je dois regagner la terre, mais je n'ai pas le courage de m'élancer ; je ne puis m'y maintenir et il me tarde de tomber, mais je ne tombe pas. Je voudrais disparaître sous la terre. Avez-vous jamais connu cette sensation ?
> JEAN. — Non. Je rêve d'ordinaire que je suis couché sous un grand arbre dans une forêt obscure. Je veux monter, monter au sommet, pour voir le clair paysage tout brillant de soleil. Je grimpe, je grimpe, mais le tronc est si énorme, si lisse, et elle est si loin, la première branche ! Jamais encore je ne l'ai atteinte ; mais j'y arriverai.
>
> A. Strindberg, Mademoiselle Julie, trad. Boris Vian.

Le champ lexical utilisé propose un certain type de relation spatiale, dont découlent à la fois la signification de l'action et son inscription dans l'espace. Il est donc indispensable de relever soigneusement les récurrences qu'il présente.

En outre, les objets scéniquement présents suffisent à faire surgir un espace imaginaire : une valise (*L'Homme aux valises* de Ionesco), un parapluie (*Fando et Lis* d'Arrabal), un manteau ou une robe de chambre (*Lorsque cinq ans seront passés* de Lorca) constituent à eux seuls des indices déterminants. Le chapeau sur la tête du fils insoumis de *Jacques ou la soumission* est d'emblée une indication forte du désir d'ailleurs qui hante Jacques. Tous ces signes qui apparaissent dans le texte et dans les didascalies doivent donc être minutieusement comptabilisés

3. Fonctionnement de l'espace

Les informations sur l'espace peuvent aller au-delà de la simple fonctionnalité. Elles deviennent instrument de compréhension de l'action scénique. Le langage spatial bâtit un système métaphorique à travers lequel l'action dramatique elle-même se construit. L'espace devient alors l'enjeu même de l'action. Ainsi, à un théâtre qui, longtemps, a joué dans l'espace, s'est désormais substitué « un théâtre qui joue avec l'espace » (M. Corvin).

Il est nécessaire de déterminer, à travers le jeu serré des réseaux de significations, la nature des espaces en opposition et leur valeur symbolique. La confrontation entre l'espace actuel et l'espace virtuel peut exprimer à elle seule la nature du conflit dramatique. Le caractère souriant du parc du château d'*On ne badine pas avec l'amour* de Musset, avec ses fontaines et ses charmilles, tranche avec l'austérité de la cellule du couvent qu'a quittée Camille : le conflit interpersonnel, latent à travers la confrontation de ces deux espaces, semble inévitable. De même, souvent, la dynamique théâtrale repose sur l'intrusion dans un espace clos d'un élément venu d'ailleurs : dans *Amédée* de Ionesco, l'envahissement progressif de la scène par le cadavre qui était depuis longtemps dans la pièce voisine suffit pour faire surgir le drame. Il exprime la menace mortelle que le dehors fait toujours peser sur l'intériorité, que l'on retrouve dans plusieurs autres pièces (*Délire à deux, Rhinocéros*).

3.1 Configurations spatiales

• *Espaces clos/espaces ouverts*

L'espace dramatique joue de l'opposition entre lieux fermés et lieux ouverts. Au théâtre de chambre répond le théâtre du monde. Le premier, comme chez Strindberg, renvoie à un espace qui est souvent celui de la cruauté. Le second s'ouvre sur toutes les expériences humaines. Le huis clos d'un espace sans communication avec l'extérieur favorise les affrontements et les tensions. C'est l'univers de la tragédie, dont le lieu sans issue exprime l'enfermement passionnel des personnages. Ainsi, dans *Britannicus*, Junie constate que Britannicus et elle sont tous deux prisonniers d'un espace qui ne leur appartient pas :

> Vous êtes en des lieux tout plein de sa puissance.
> Ces murs mêmes, Seigneur, peuvent avoir des yeux,
> Et jamais l'empereur n'est absent de ces lieux.
>
> Racine, *Britannicus*, II, VI.

L'ouverture de l'espace au contraire favorise les rencontres et l'aventure. La place publique sur laquelle se déroule souvent la comédie permet les quiproquos, les surgissements inopinés. Le jardin des Tuileries, « le pays du beau monde et des galanteries », où s'implante l'action du *Menteur* de Corneille, fait surgir à la fois les rencontres heureuses et les multiples mensonges que l'occasion suscite. Mais l'ouverture de l'espace peut également être le point de départ de tous les dangers : *Combat de nègre et de chien* de Koltès met en jeu sur un chantier d'autoroute africain « entouré de palissades et de miradors » l'intrusion d'une femme blanche venue d'ailleurs qui va susciter tous les désirs et celle d'un noir, Alboury, qui va se heurter aux préjugés racistes des ingénieurs.

• *Intérieur/extérieur*

L'alternance entre scènes d'intérieur et scènes d'extérieur crée souvent des oppositions qui éclairent l'action dramatique. Musset en multiplie les ressources dans *Lorenzaccio* où l'on dénombre pas moins de dix-sept espaces florentins, dénotant discrètement le désir d'ubiquité qui hante le protagoniste éponyme. Dans *Les Caprices de Marianne*, à l'espace public d'une petite place napolitaine et des rues adjacentes, il oppose l'espace intime des intérieurs (chez Cœlio, chez Marianne). Du passage de l'un à l'autre, c'est le conflit entre les diverses instances du moi qui peut se lire : le jeune Cœlio navigue de la rue, lieu de la transgression – c'est là que surgit son ami Octave en habit de carnaval –, à la chambre maternelle, lieu de la régression, dont les jalousies fermées laissent à peine entrer le jour. L'espace dramatique apparaît comme la projection d'un espace psychique. La scène se fait le miroir de l'autre scène dont parle Freud.

• *Horizontalité/verticalité*

L'organisation de l'espace peut reposer sur la séparation horizontale entre deux mondes. Que l'on considère l'espace dans lequel Racine situe *Bérénice* et qu'il a pris soin de définir dès les didascalies comme un « cabinet entre l'appartement de Titus et celui de Bérénice » :

> Souvent ce cabinet, superbe et solitaire,
> Des secrets de Titus est le dépositaire.
> C'est ici quelquefois qu'il se cache à sa cour,
> Lorsqu'il vient à la Reine expliquer son amour.
> De son appartement cette porte est prochaine.
> Et cette autre conduit dans celui de la Reine.

Racine, Bérénice, I, I.

Tout ou presque est déjà dit : dans cet espace *bifrons* s'opposent d'un côté la Rome impériale, de l'autre l'Orient de Bérénice. La cour et la raison d'État face à l'amour et à ses séductions exotiques : si cet espace neutre permet sans doute des rencontres vraisemblables entre les deux amants, un inéluctable conflit se devine pourtant dans cette disposition significative.

Ailleurs, c'est l'orientation verticale qui conditionne la construction de l'espace. On sait que dans la tragédie grecque, l'apparition de la divinité qui permettait le dénouement du spectacle (*Philoctète* de Sophocle) s'effectuait grâce à une machinerie placée au-dessus du bâtiment de la *skéné*, suggérant ainsi une transcendance exprimée de la façon la plus simple.

Plus près de nous, le drame des *Bâtisseurs d'empire* de B. Vian repose sur une dynamique ascensionnelle dans laquelle une famille fuit, d'étage en étage, la présence obsédante et inquiétante d'un bruit « monotone et odieux ». De même, dans *Le Piéton de l'air*, Ionesco explore toutes les ressources de l'espace scénique en faisant marcher dans l'air son Bérenger qui pour échapper à la réalité du monde parcourt le ciel et raconte à son retour sur terre qu'il a traversé ce qu'il nomme l'antimonde.

3.2 Dynamique de l'espace

L'analyse des relations existant entre le *dedans* et le *dehors* se révèle riche d'indications sur le fonctionnement même de l'action. Elle permet de dégager une utilisation métaphorique de l'espace, souvent porteuse de sens, selon la façon dont les personnages s'y inscrivent. Barthes a souligné comment le hors scène racinien est en relation étroite avec la mort. Lié sans doute à l'évacuation des actions violentes dans un ailleurs jamais montré, son caractère dangereux est flagrant. Pour Britannicus comme pour Bajazet ou Hippolyte, quitter la scène signifie mourir. Le

« sortez » de Roxane équivaut à un arrêt de mort. De la même façon, dans *Le Guichet* de Tardieu, la mort attend le client à sa sortie de scène.

L'espace actuel n'est pas plus rassurant pour autant. La multiplication des lieux est redoutable. Les personnages sont alors confrontés à une quête incessante (*Le Soulier de satin* de Claudel) ou à un parcours initiatique (*Peer Gynt* d'Ibsen) dont ils sortent rarement indemnes. La multiplicité des espaces devient l'expression d'une fuite jamais interrompue. Dans le *Dom Juan* de Molière, par exemple, les différents paysages que traverse le héros éponyme, du village où il a échoué après son naufrage, à la forêt dans laquelle il s'égare, du tombeau du Commandeur jusqu'au palais où il reçoit les visites de son père et d'Elvire, tous ces d'espaces semés de surprises et d'embûches suggèrent une fuite haletante, durant laquelle celui qui se rêvait un nouvel Alexandre, prêt à étendre ses conquêtes vers des mondes inconnus, se voit impitoyablement traqué par le désir de justice de ses victimes. La métaphore spatiale, qui multiplie les ailleurs, exprime de façon saisissante l'incapacité du personnage à s'ancrer dans le moindre « attachement » terrestre, ce qui constitue l'essence même du donjuanisme.

Et quand il est unique, l'espace actuel prend souvent l'apparence d'un piège inexorable, d'une « souricière », pour reprendre la métaphore d'*Hamlet*. Les personnages de *Huis Clos* sont définitivement prisonniers d'un espace dont on ne peut s'évader. Inaccessibles sans escabeau, ce qui donne prétexte pour commencer à un prodigieux jeu clownesque de Clov, les fenêtres de l'antre d'Hamm, dans *Fin de partie*, masquées par des rideaux et s'ouvrant sur un *no man's land* désolé – étonnante mise en abyme de la réalité scénique –, suggèrent un univers schizophrénique dans lequel la lumière, comme la vie, est en instance de départ. Toute fuite en est impossible. Dans *Le roi se meurt* de Ionesco, la disparition de l'espace virtuel s'effondrant avec de sinistres craquements rythme l'agonie de Bérenger au sein d'un espace qui se désintègre et lui échappe. Dans ces pièces, l'étroite relation entre le théâtre et la mort est exprimée à travers de saisissantes métaphores spatiales.

Le temps dramatique

1. Le temps théâtral

L'aspect temporel du théâtre s'inscrit dans la même dualité que l'espace. Le spectacle théâtral fait coexister deux temporalités différentes qui se superposent sans jamais se confondre : le temps de la représentation, durée vécue par le spectateur, et le temps de la fiction.

> Il faut considérer que le poème dramatique a deux sortes de durée, dont chacune a son temps propre et convenable. La première est la durée véritable de la représentation On y consume un temps véritable qui tient l'esprit des auditeurs attentif durant le cours de certains moments, c'est-à-dire depuis que le Théâtre s'ouvre jusqu'à ce qu'il ferme. L'autre durée du Poème dramatique est celle de l'action représentée qui contient tout ce temps qui serait nécessaire pour faire les choses exposées à la connaissance des spectateurs. Or cette durée est la principale ; elle dépend toute de l'esprit du Poète ; elle est de son invention.
>
> D'Aubignac, La *Pratique du théâtre*, livre II, chapitre VII.

Le rapport qui s'établit entre ces deux durées constitue le temps théâtral.

1.1 Le temps de la représentation

Aller au théâtre, c'est entrer dans une temporalité différente, en rupture avec la durée du quotidien. Tout spectateur « abandonne sa sphère-temps personnelle pour en pénétrer une autre » (Lehmann). Manifestation sociale, le spectacle constitue un moment particulier découpé dans le temps, qui s'accompagne d'un rituel aux formes variées selon les époques. La représentation théâtrale a longtemps présenté un caractère exceptionnel. Les concours tragiques de l'Antiquité se déroulent à l'occasion de célébrations religieuses, les *dionysies*, intervenant à des dates précises ; les spectacles médiévaux des *mystères* coïncident avec des fêtes religieuses ; les fêtes royales, tels les *Plaisirs de l'île enchantée* donnés par Louis XIV lors de l'inauguration de Versailles, durant lesquels Molière crée *La Princesse d'Élide* et le *Tartuffe*, constituent des moments exceptionnels.

Selon qu'il correspond à un cérémonial festif ou à un simple divertissement, intervenant ponctuellement dans le cours de la journée, le temps de la représentation est extrêmement variable. Il peut s'étirer sur des journées entières ou se limiter à quelques moments fugitifs. Quoi qu'il en soit, il constitue une tranche découpée dans le temps vécu, avec ses préparatifs et son organisation particulière. Le temps de la représentation constitue un ici/maintenant qui se caractérise par la *présence* des spectateurs. C'est en effet un présent continuel, qui ne s'évanouit que pour laisser place à un autre présent sans cesse renouvelé.

Il arrive même que la représentation n'ait lieu qu'une seule fois : c'est le cas de la *performance* et du *happening* (A. Kaprow), formes para-théâtrales – ou post-dramatiques – qui inspirent un auteur comme F. Arrabal (*Concert dans un œuf, Le Cimetière des voitures*). L'écriture théâtrale s'affirme alors résolument comme une écriture au présent. Elle trouve ses limites et son achèvement dans l'instantanéité même du spectacle, qui prend la forme d'un rituel barbare où se conjuguent le hasard et l'inattendu (théâtre panique). La représentation peut aussi se répéter fréquemment (depuis plus de quarante ans, *La Cantatrice chauve* se joue tous les soirs au théâtre de la Huchette, à Paris), ce qui induit une relation particulière au temps, sans même rappeler que la durée du spectacle subit des variations imprévisibles d'un jour à l'autre.

Les œuvres témoignent de cette diversité. Leur durée est variable en fonction du rituel auquel elles sont destinées : le *Mystère de la passion* joué à Valenciennes en 1547 s'étirait sur vingt-cinq journées ; Le *Mahabharata* de Peter Brook s'étalait de la fin d'après-midi jusqu'au lendemain à l'aube ; au contraire, les *pièces instantanées* des futuristes, jouées hors les murs des théâtres, duraient à peine quelques minutes. On sait que la durée moyenne d'un acte dans le théâtre classique correspond au temps durant lequel les chandelles qui servaient d'éclairage n'avaient pas besoin d'être mouchées. La durée des sketches écrits pour le café-théâtre est déterminée par l'inscription de cette forme théâtrale dans un contexte particulier de loisirs. Là encore, les contingences matérielles de la représentation et sa temporalité se repèrent dans la dramaturgie.

1.2 Le temps dramatique

On désigne ainsi la durée des événements représentés. Cette durée est double. Elle recouvre à la fois une épaisseur temporelle et une chronologie. Le temps représenté s'écoule sur un certain rythme. Celui-ci s'établit selon un *tempo* idéal, variable en fonction des différents moments de l'action. Inévitablement, la représentation infléchit le rythme des événements. Le choix du metteur en scène est alors déterminant : montée par Patrice Chéreau, *La Dispute* de Marivaux s'étend sur près de trois heures, alors que la pièce ne compte qu'un seul acte, relativement court. Des éléments d'ordre rhétorique tributaires de traditions culturelles permettent néanmoins de repérer le rythme envisagé par l'auteur. Ainsi, des dialogues serrés, à travers lesquels les événements se bousculent, créent un rythme plus rapide qu'une succession de monologues durant lesquels l'action est arrêtée. D'où l'impression, difficilement quantifiable, d'un temps qui tantôt s'étire indéfiniment et tantôt s'accélère dans l'urgence de l'action : dans sa *Mise en scène de Phèdre,* Jean-Louis Barrault répertorie les « mouvements symphoniques » de la pièce de Racine. À la « retenue » de l'acte I, il oppose « l'attaque allègre du second ». D'autres éléments appartiennent à la poétique de l'auteur et sont étroitement liés à son écriture personnelle. Dans le manuscrit de la Comédie française, Beaumarchais indique la durée souhaitée pour chacun des actes de son *Mariage de Figaro*. Et, de même qu'un musicien précise le rythme métronomique des mouvements de son œuvre, Beckett chronomètre la durée exacte des *silences* et des *temps* dont il ponctue sa pièce *Catastrophe*.

Par ailleurs, toute action implique un début, un milieu et une fin, c'est-à-dire une chronologie. Le temps s'écoule selon la durée mesurable des événements représentés. Ceux-ci peuvent s'étendre sur une large période : dans le mélodrame de Victor Ducange *Trente ans ou la Vie d'un joueur*, les événements de la première période se situent en 1790, ceux de la deuxième en 1805, et la troisième époque se déroule quinze ans plus tard. L'action peut *a contrario* être resserrée dans le temps : *Électre* de Giraudoux commence à la tombée du jour et s'achève lorsque paraît l'aurore. *L'Impromptu de Versailles* se déroule en temps réel durant les deux heures dont dispose la troupe de Molière pour préparer le spectacle qu'elle doit offrir au Roi.

1.3 L'impossible coïncidence

Le temps dramatique joue de ces durées. Les modalités du rapport qui intervient entre ces deux temporalités sont multiples. D'une façon générale, le temps fictionnel dure plus longtemps que celui de la représentation. Cependant, l'écart est variable. Il peut n'être que de quelques heures ; il peut aussi s'étirer sur de nombreuses années, comme dans les pièces historiques de Shakespeare. Il peut relater une vie entière, comme dans *L'Âge d'or* d'Ariane Mnouchkine. Il arrive cependant qu'il lui soit inférieur, comme s'il était soumis à une sorte de dilatation. *L'Inconnue d'Arras* de Salacrou relate le « petit fragment de seconde » laissé à Ulysse, le suicidé, à qui est accordé « le temps de revoir sa vie ». Dans *Lorsque cinq ans seront passés* de Lorca, le temps ne bouge pas durant tout le premier acte. Il est six heures au début de l'acte ; à la fin, il est encore six heures : « Le rêve sur le temps, flotte comme un voilier. »

Le théâtre classique s'est efforcé de faire coïncider le temps représenté et celui de la représentation. On évite ainsi les excès du théâtre baroque où, dans la même pièce, comme le déplore Boileau, « souvent le héros d'un spectacle grossier/Enfant au premier acte, est barbon au dernier ». Le temps est en quelque sorte dématérialisé, afin de garantir la crédibilité du conflit dramatique. Par souci de vraisemblance les auteurs enferment leur action dans une durée presque arbitraire, qui essaie de ne pas être plus longue que celle de la représentation. Cette relative coïncidence entre deux temps, qui s'appuie sur l'autorité d'Aristote, justifie la règle de l'*unité de temps*. La durée de l'action ne doit pas excéder vingt-quatre heures :

> La tragédie essaie autant que possible de tenir dans une seule révolution du soleil ou de ne guère s'en écarter.
>
> Aristote, Poétique, 49 b9.

La journée n'est pas un modèle idéal, mais elle permet d'éviter une trop grande distorsion entre le temps de la fiction et les trois heures approximatives de la représentation. Pour rester dans les limites de la vraisemblance, il est recommandé de faire commencer l'action dramatique au plus près de son achèvement, lorsque la crise est déjà bien engagée :

> Le plus bel artifice est d'ouvrir le théâtre le plus près qu'il est possible de la catastrophe, afin d'employer moins de temps au négoce de la scène et d'avoir plus de liberté d'étendre les passions et les autres discours qui peuvent plaire.
>
> D'Aubignac, La Pratique du théâtre, livre II, chapitre VII.

Ce procédé nécessite que les événements représentés soient sélectionnés selon leur importance. Les informations indispensables à la compréhension de l'action sont simplement rapportées dans des récits (*scènes d'exposition*). Un autre artifice permet de rapprocher le temps de la fiction et celui de la représentation : l'utilisation des entractes. Ne montrant pas tout, les auteurs peuvent inscrire plus facilement leur action dans une durée n'excédant pas les vingt-quatre heures. Offrant l'avantage de soustraire à la vue les événements qui choqueraient la bienséance, cette ellipse oblige les spectateurs à imaginer ce que font les personnages durant les intervalles de la représentation. Elle permet de fabriquer une temporalité plus souple. Il est donc nécessaire de reconstituer ce qui se passe durant ces moments d'interruption :

> L'entracte n'est un repos que pour le spectateur, et n'en est pas un pour l'action. Les personnages sont censés agir dans l'intervalle d'un acte à l'autre.
>
> Marmontel, Éléments de littérature, 1763.

Malgré ces artifices, l'unité de temps pose parfois quelques problèmes aux auteurs. Si Racine s'en accommode assez facilement, choisissant pour *Bérénice* un sujet « dont la durée ne doit être que de quelques heures », on sait en revanche les difficultés que rencontre Corneille pour justifier la multiplicité des événements qui s'enchaînent dans *Le Cid* : « Je ne puis dénier que la règle des vingt et quatre heures presse trop les incidents de cette pièce », reconnaît-il dans son *Examen* de 1660. En outre, le conflit théâtral soumis à cette temporalité quasi-abstraite a tendance à se réduire à un discours sur le temps. La réalité temporelle extrascénique doit en effet se réduire au maximum : « Soleil, je viens te voir pour la dernière fois », annonce Phèdre dès sa première apparition (I, 3). L'urgence d'une décision irrévocable s'exprime dans ce présent sans lendemain, fruit d'un passé où les tensions se sont accumulées et dont il actualise les menaces. Le personnage n'a rien à espérer d'un temps qui n'existe que dans les mots.

Le théâtre naturaliste, au contraire, cherche non pas à raconter le temps mais à le rendre scéniquement présent et sensible. Les références temporelles se multiplient. La réalité représentée est soumise aux contingences de l'Histoire et à l'écoulement du temps, à ses manifestations atmosphériques comme à son épaisseur matérielle. Les pièces de Tchekhov présentent des personnages englués dans l'ennui d'une vie qui leur échappe (*Les Trois Sœurs*). La multiplication des silences qui interviennent dans le cours du dialogue rend perceptible cette pesanteur temporelle.

Quant au théâtre dit de l'absurde, il joue avec ironie sur la prolifération et l'incohérence des indices temporels. À son partenaire qui lui demande : « Quelle heure est-il ? », Clov, dans *Fin de partie*, répond : « La même que d'habitude. » Intervenant de façon imprévisible, indiquant par esprit de contradiction « le contraire de l'heure qu'il est » (si cela a un sens au théâtre), l'horloge de *La Cantatrice chauve* finit par créer un temps purement onirique et sans aucun référent. Au temps des pendules, abstrait et inexorable, s'oppose le temps vécu par les êtres, qui est pure intériorité. *Le Roi se meurt* donne une image saisissante de cette abolition du temps qui coïncide avec la disparition du vivant.

2. L'élaboration du temps dramatique

Le temps est une donnée plus abstraite que l'espace. Il n'est pas aisé de le figurer et seuls quelques signes spatiaux permettent de lui donner une réalité concrète. Pour exister, il a besoin d'être dit.

2.1 Les indications didascaliques

Les didascalies fournissent de nombreux indices de temporalité. Ceux-ci concernent tout d'abord l'époque de référence dans laquelle l'auteur choisit de situer son action. La présence de personnages historiques (Néron, Richard III), ou mythologiques (*Andromaque, Électre*) induit un cadre temporel précis. Le titre de certaines pièces récentes suffit à connoter leur actualité (*Une station-service* de Gildas Bourdet, *Supermarket* de Biljana Srbljanovic).

Les indications concernant les costumes et les décors apportent également des informations sur l'époque dans laquelle l'action est censée se dérouler. Dans le théâtre latin, le port de la toge renvoie forcément à un épisode de l'histoire romaine la tragédie *prætextata* (pièce où les personnages sont vêtus du costume des magistrats romains). L'indication de Beaumarchais en prélude à son *Barbier de Séville* : « les habits des acteurs doivent être dans l'ancien costume espagnol », inscrit la pièce dans un contexte daté.

Saisons, mois, jours, heures, les auteurs notent souvent de façon précise le passage du temps et le *moment* dans lequel ils inscrivent leur action. « Un matin très tôt de l'année 1945 », indique Jean-Claude Grumberg pour la première scène de *L'Atelier*. Quelques arbres avec leur végétation suffisent parfois à suggérer une saison : « par une porte vitrée on aperçoit des lilas en fleurs », indiquent les didascalies de *Mademoiselle Julie*, dont Strindberg place symboliquement l'action à la fin du printemps, la nuit de la Saint-Jean. Beckett tourne en dérision cette convention dans *En attendant Godot*, indiquant dans les didascalies que l'arbre dénudé de l'acte précédent s'est couvert le « lendemain » de « plusieurs feuilles ».

Toutes ces indications temporelles constituent de simples suggestions de régie. C'est aux metteurs en scène qu'il revient de concrétiser le temps fictif de l'histoire qu'ils racontent. Utilisant toutes les ressources de l'éclairage (effets nocturnes, coucher ou lever du soleil, etc.), ainsi que les possibilités offertes par la scénographie, jouant des connotations temporelles apportées par les bruitages ou la musique, ils créent dans l'espace un temps théâtralisé. Celui-ci peut renvoyer au temps de la fiction et à son référent ; il peut aussi indiquer le contexte historique dans lequel la pièce a vu le jour ; ou encore suggérer les prolongements actuels de la fiction qui est présentée. Le metteur en scène est libre de décaler ces différentes temporalités et de faire jouer par exemple *Andromaque* en costumes Grand Siècle ou Richard III lançant « Mon royaume pour un cheval » coincé dans une jeep. Une chaîne complexe de rapports s'établit alors entre les référents : le spectacle fait coïncider le temps dramatique non avec celui de la fable mais avec celui du moment de l'écriture, ou essaie au contraire de combler l'écart entre le temps de la fiction et le nôtre.

2.2 Le discours des personnages

Le dialogue fournit un grand nombre d'indices temporels. Les personnages peuvent ainsi donner des informations sur la chronologie des événements : « Depuis un mois j'erre autour de cette maison la nuit et le jour », confie Cœlio dans *Les Caprices de Marianne*. Au début du quatrième acte de *La Cerisaie*, Lopakhine dit :

> On est en octobre, mais il fait doux. Il y a du soleil comme en été. Il ne reste plus que quarante-sept minutes avant le train ! Il faut partir pour la gare dans vingt minutes.
>
> A. Tchekhov, *La Cerisaie*, IV.

Et durant tout l'acte les personnages font allusion au temps qui passe : « Il faut partir. Il nous reste très peu de temps », dit Gaev ; « C'est l'heure, petite maman. Pourvu qu'on ne rate pas le train », s'écrie Vara un peu plus tard. « Il serait temps de partir », ajoute Trofimov un peu plus loin. La précision de ces indications et leur insistance installent l'œuvre entière dans une implacable dynamique temporelle. Ce ne sont pas seulement les horaires d'un train à prendre, mais l'heure du départ, l'accélération de la vie, la fuite du temps en général, qui nous sont donnés à ressentir.

Ionesco ironise sur cette multiplication des indications temporelles que fournit souvent le dialogue théâtral réaliste. Dans *Le Roi se meurt*, la reine Marguerite se transforme littéralement en horloge parlante : elle annonce au roi Bérenger qu'il doit mourir « dans une heure vingt-quatre minutes cinquante secondes », puis lui rappelle un peu plus tard qu'il lui reste seulement « un quart d'heure ». Autant de précisions qui finissent par enfermer les personnages dans une temporalité absurde, ne débouchant sur rien.

Le procédé rappelle que les auteurs sont les seuls maîtres du temps au théâtre. Ils ont le pouvoir de faire sonner les pendules quand ils le veulent, et d'accélérer ou de ralentir à plaisir le passage du temps. Ce que Claudel fait préciser par l'un des personnages du *Soulier de satin* :

> Car vous savez qu'au théâtre nous manipulons le temps comme un accordéon, à notre plaisir, les heures durent et les jours sont escamotés. Rien de plus facile que de faire marcher plusieurs temps à la fois dans toutes les directions.
>
> P. Claudel, *Le Soulier de satin*, version scénique, 2ᵉ journée, sc. 1.

2.3 Continuité et discontinuité

• *Le découpage*

Le découpage dramaturgique constitue le moyen le plus efficace dont dispose l'auteur pour faire exister le temps. Selon qu'elle est *continue* ou *discontinue*, l'organisation de l'action fait surgir différentes formes de temporalité. Les pièces en un seul acte s'inscrivent le plus souvent dans une continuité qui souligne l'homogénéité entre le temps vécu par le spectateur et le temps fictionnel. Ainsi, *La Voix humaine* de Cocteau ne constitue qu'un long coup de téléphone, que les spectateurs sont invités à suivre dans son intégralité.

En revanche, la moindre rupture dans la continuité incite à s'interroger sur l'intervalle. La succession des différents actes d'une pièce peut en effet suivre un ordre chronologique qui épouse le déroulement des événements dans leur continuité. Les entractes sont des temps perdus qui permettent de faire tenir le temps dramatique dans une durée minimale. Même si la continuité est rompue, l'organisation du temps demeure linéaire. Mais ils peuvent parfois aussi suggérer une durée plus conséquente : chaque acte d'*On ne badine pas avec l'amour* renvoie à une journée différente.

Lorsque le découpage procède par *tableaux*, la multiplication des *noirs* qui marquent la succession des différentes parties de l'œuvre dramatique fait surgir des vides dans lesquels le temps s'installe. Durant ces suspensions provisoires de la représentation, il est possible de faire s'écouler un temps plus ou moins extensible selon les nécessités. Entre la première et la seconde partie du *Conte d'hiver* de Shakespeare, seize ans s'écoulent, dont il faut imaginer la teneur pour comprendre ce que sont devenus les enfants de Léonte et de Polixène. De même que le *hors-scène* acquiert plus de réalité du fait qu'il n'est pas montré, de même le passage du temps est rendu d'autant plus sensible que ces interruptions sont nombreuses.

La dramaturgie contemporaine joue volontiers de l'émiettement temporel. Les douze brèves séquences de *Dissident, il va sans dire* de Vinaver inscrivent la pièce dans une temporalité qui s'étale sur plusieurs mois. Dans la discontinuité de l'action, une certaine chronologie transparaît, aussitôt remise en question par la brièveté de chacune des séquences, qui semble contradictoire avec l'écoulement du temps. Parfois la discontinuité aboutit à une fragmentation n'obéissant à aucun ordre chronologique : dans *Woyzeck*, Büchner, organise les séquences selon une succession aléatoire que peuvent librement modifier les metteurs en scène.

• *Les figures temporelles*

Certains auteurs jouent de l'*anachronie*. Dans *Savage Love* de Sam Shepard, le temps est trituré et comme élastifié en dix-huit « poèmes-performances » évoquant les moments d'une relation amoureuse, selon une dynamique qui s'apparente à une improvisation de jazz.

Le procédé de l'*analepse* – correspondant au flash-back du cinéma – est utilisé pour produire un temps théâtral qui renonce à la linéarité et à l'objectivité. Sartre, dans la construction des *Mains sales*, fait reposer la pièce sur un retour en arrière permettant de reconstituer les événements qui amènent le jeune Hugo à revendiquer sa culpabilité dans l'assassinat de Hoederer. Les récits qui, dans le cours d'une pièce, évoquent des événements qui se sont passés antérieurement hors-scène, tel le récit de Théramène dans *Phèdre*, constituent également des *analepses*.

La *prolepse* est un autre procédé pour aménager le temps dramatique. Les prémonitions inaugurales de la tragédie classique en fournissent de nombreux exemples, tel le songe de Pauline, dans *Polyeucte*. La « Voix » qui intervient en prologue de *La Machine infernale* de Cocteau annonce tous les événements qui vont intervenir dans le cours de la pièce :

> Regarde, spectateur, remontée à bloc, de telle sorte que le ressort se déroule avec lenteur tout le long d'une vie humaine, une des plus parfaites machines construites par les dieux infernaux pour l'anéantissement mathématique d'un mortel.

J. Cocteau, La Machine infernale, Prologue.

Certains auteurs enfin tentent de suggérer la simultanéité des événements. Le théâtre médiéval juxtapose scéniquement des moments simultanés. Musset joue fréquemment lui aussi du procédé. Dans *Les Caprices de Marianne*, de subtiles modulations laissent entendre que le premier entretien entre Octave et Marianne (I, I) intervient pendant que Cœlio se fait raconter par sa mère sa première rencontre avec le père du jeune homme (I, II). Accordant au temps une valeur prémonitoire et maléfique, le procédé invite ainsi le spectateur à construire un sens qui fait basculer la pièce vers la tragédie. Les dramaturgies plus récentes suggèrent par quelques indices récurrents qu'à l'intérieur d'une succession chronologique des événements, deux séquences différentes se passent au même moment : dans *L'Émission de télévision*, M. Vinaver utilise le procédé pour suggérer cet émiettement de la réalité que les médias imposent. D'autres auteurs, comme Adamov dans *Si l'été revenait* jouent de la reprise d'un même événement considéré de différents points de vue. De la même façon que dans un rêve, le temps semble alors piétiner – comme le suggère discrètement le titre de la pièce.

3. Signification du temps théâtral

Au même titre que l'espace, et en étroite relation avec lui, la multiplication des marques temporelles souligne l'importance du temps dans la dramaturgie. Chaque auteur en propose une approche complexe et personnelle qui fonde son esthétique. L'analyse des textes exige donc une attention extrême à tous les aspects de la temporalité. Il convient d'examiner non seulement les indices temporels mais aussi les champs lexicaux et grammaticaux (utilisation des temps verbaux, fréquence des adverbes ou des compléments de temps, métaphores temporelles). La signification dramatique que les auteurs confèrent au temps est révélatrice d'un univers mental.

3.1 Le temps des personnages

Les rapports entre les personnages sont fréquemment construits à partir de la relation qu'ils établissent au temps. Il est ainsi des dramaturgies de la jeunesse (*Roméo et Juliette*), comme il en est de la vieillesse (*Le Roi Lear* de Shakespeare, *Les Apparences sont trompeuses* de Th. Bernhard). La problématique du passage du temps peut surgir en relation avec l'âge des protagonistes. De nombreuses pièces reposent sur l'antagonisme des générations. Le barbon confronté à l'ingénue qu'il désire (*L'École des femmes* de Molière ou *Le Barbier de Séville* de Beaumarchais), tel parent qui se heurte à son enfant (*L'École des mères* de Marivaux ou *Les Parents terribles* de Cocteau), autant de situations qui renvoient à la confrontation de deux moments de l'existence.

Les axes temporels sur lesquels s'inscrivent les personnages sont également révélateurs. Dans *La Double Inconstance*, Marivaux oppose l'âge d'or de l'amour éternel, auquel se réfère Silvia quand elle évoque son passé dans le petit village d'où elle a été enlevée, le présent des plaisirs éphémères – la gourmandise pour Arlequin, la coquetterie pour Lisette et les femmes de la Cour, l'intrigue pour Flaminia – et le futur d'un Prince qui attend que se réalise la prédiction selon laquelle il doit épouser cette paysanne. Amener ces personnages ancrés dans le passé ou le présent à entrer dans le projet et le désir d'un Prince qui ne vit qu'au futur, tel est l'enjeu de la pièce.

Le temps prend de la sorte une valeur métaphorique qui recouvre l'ensemble des données temporelles individuelles des personnages. Souvent aussi, il donne à l'œuvre sa portée métaphorique. *La Cerisaie* de Tchekhov s'inscrit dans le cycle des saisons (la pièce commence en mai et s'achève à l'automne) ; elle évoque aussi les âges de la vie et l'usure du temps : de la chambre d'enfant du premier acte, qui provoque l'attendrissement de Lioubov Andréevna, à l'inéluctable départ du dernier acte où le vieux Firs qu'on devait conduire à l'hôpital est oublié dans la maison déserte, de l'accession à l'âge adulte de la jeune Ania, au début de calvitie de Rofimov. Le temps marque de son sceau les différents personnages, tout comme il laisse deviner la fin d'une époque. Il est au cœur de l'œuvre. Il lui donne une signification symbolique.

3.2 Le temps comme détermination de l'action

Dans Œdipe Roi de Sophocle, on peut considérer que la tension dramatique repose sur une enquête entièrement tournée vers des évènements du passé. Meurtrier de son père, époux – à son insu – de sa mère et frère de ses enfants, Œdipe est confronté à un passé qu'il a occulté et s'engage dans une enquête quasiment policière. Non seulement les faits qu'il découvre expliquent son présent, faisant de lui « l'ulcère de ce pays », mais ils conditionnent aussi son avenir : son aveuglement antérieur va le déterminer à se crever effectivement les yeux. La construction de la pièce repose sur cette sorte de plongée analytique dans le passé, qui joue avec la temporalité dans toute son ampleur. Bon nombre de drames de la fin du XIXè utilisent une démarche analogue : un personnage est amené par les circonstances à fouiller dans son passé pour trouver la clé de sa situation actuelle. Chez Ibsen (*Les Revenants, Maison de poupée, John Gabriel Borkman*), le drame repose le plus souvent sur le poids d'événements passés qui expliquent en partie la situation présente. L'emprunt délictueux pour sauver son mari, commis jadis par Nora, l'héroïne de *Maison de poupée*, provoque un mécanisme fatal qui aboutit à l'éclatement du couple et au drame.

D'une façon générale, le théâtre naturaliste, qui met en jeu le thème de l'hérédité, multiplie les situations dont la clé se trouve dans des faits passés remontant à la surface. Tantôt un personnage est écrasé par le poids de son hérédité (*Les Revenants* d'Ibsen) ; tantôt ce sont les personnages qui s'enivrent de leurs souvenirs au point de ne plus parvenir à envisager un avenir possible (*Les Trois sœurs* de Tchékhov) ; tantôt les protagonistes sont liés entre eux par de mystérieux événements antérieurs qui font d'eux des victimes prêtes à toutes les cruautés (*Créanciers* de Strindberg). Dans tous les cas, le passé révélé peu à peu apporte la justification rétrospective des errements du présent. Plus près de nous, dans la trilogie de Wajdi Mouawad (*Littoral, Incendies, Forêts*), on trouve une utilisation analogue de la temporalité : un jeune homme confronté à la mort de son père se lance dans une bouleversante recherche de ses origines qui va faire basculer sa vie ; le destin contrarié d'une femme l'amène à traverser plusieurs générations d'une même famille, ce qui provoque le drame. Dans chaque pièce, l'auteur joue d'un temps éclaté qui conditionne le présent bouleversé des personnages et qui est le véritable moteur de l'action.

3.3 Le temps comme élément dramatique

L'organisation de l'action dans le temps crée une impression de lenteur ou de rapidité, de surprise ou de répétition, de plongée tantôt dans le passé tantôt dans le futur ou d'ancrage dans le présent. D'une façon générale, c'est toujours le temps, au théâtre, qui est le moteur du *suspense*. Par son utilisation, l'auteur joue sur l'attente du spectateur.

Toute tragédie suppose l'attente d'une catastrophe, que le déroulement de l'action rend de plus en plus imminente. Son inscription dans le temps est inévitable ; ce que Giraudoux matérialise de façon saisissante dans *Électre* à travers les apparitions des Euménides. Fillettes à leur première apparition, celles-ci ont quinze ans un peu plus tard et quand la pièce s'achève elles ont l'âge d'Électre, c'est-à-dire vingt ans. Cette image du destin, « forme accélérée du temps », résume bien l'une des fonctions essentielles du temps théâtral.

Comme le suggère Beckett dans *En attendant Godot*, où l'incertaine attente des deux compères Vladimir et Estragon est magnifiée par l'insignifiance d'une action réduite à quelques événements banals, toute pièce de théâtre n'est qu'une attente double. Attente, dans un fragile ici et maintenant, des personnages confrontés à l'inéluctable écoulement du temps ; attente, dans une durée déterminée, des spectateurs, curieux de savoir comment tout va se terminer. Cette tension qui conditionne l'attitude du public est paradoxale puisque la pièce – préalable sans lequel rien n'aurait existé – est écrite depuis longtemps et que, depuis le début, tout est joué. Elle n'en demeure pas moins une des clés du plaisir dramatique.

Dans *Fin de partie*, Beckett nous offre une métaphore somptueuse du fait théâtral à l'état pur : « Qu'est-ce qui se passe ? Qu'est-ce qui se passe ? » s'interroge Hamm. Et Clov de répondre : « Quelque chose suit son cours ». On ne saurait mieux exprimer la réalité du temps théâtral, à la fois signifié et signifiant, vivant et vécu. Impalpable et inexorable.

Le personnage

Le mot personnage vient du latin *persona*, qui signifie le masque, c'est-à-dire le rôle tenu par l'acteur. Il désigne « une personne fictive, homme ou femme, mise en action dans un ouvrage dramatique » (Littré). Ce glissement sémantique souligne déjà l'ambiguïté de la nature du personnage. Au cours de ces dernières années, dans les commentaires consacrés aux écritures théâtrales actuelles, un terme nouveau s'est substitué à celui de personnage : celui de *figure*, pour désigner des êtres de fiction remettant en cause le fonctionnement traditionnel du personnage. Le terme suggère qu'il s'agit d'une « forme envisagée de l'extérieur » (J. Danan). Il met en évidence le fait que le personnage théâtral se manifeste essentiellement comme une figuration avant de pouvoir être considéré comme une entité substantielle ; il rappelle à l'occasion que, de même qu'on parle de *figures* de rhétorique, de géométrie ou de danse, les apparitions du personnage sont soumises à un certain nombre de règles du jeu liées à la représentation des corps dans l'espace et aux contraintes de l'écriture.

1. Approche du personnage

Le personnage de théâtre n'est qu'une illusion proposée au spectateur ou au lecteur. Être de papier, fait de mots et de gestes écrits, il se construit dans l'imaginaire du lecteur à partir des éléments constitutifs que le texte fournit. Il n'a pas véritablement de sentiments, sinon ceux qu'on lui prête, suggérés par l'implicite de sa situation et de ses actes, qui prennent forme grâce au jeu de l'acteur et à l'interprétation de ses paroles par le metteur en scène. À la différence du personnage de roman, il acquiert une présence physique effective, par le corps et la voix d'un acteur qui lui prête un aspect et une consistance l'apparentant à un individu. La *mimesis* rend inévitable cette assimilation d'une entité virtuelle, sans autre existence que celle que la fiction lui donne, à une créature vivante, à laquelle il n'est pas rare que l'on attribue une psychologie, parfois même un inconscient.

L'histoire du théâtre reflète la même incertitude concernant la notion de personnage. Même s'il n'est qu'un « carrefour de sens » (J.-P. Ryngaert), le personnage s'inscrit dans l'imaginaire collectif comme une individualité concrète : on en souligne le caractère stylisé, obéissant à une typologie déjà existante (celle de la *commedia dell'arte* par exemple), ou inversement on l'assimile à une personne réelle, individualisée et conditionnée par un environnement social qui la dépasse, comme dans le théâtre naturaliste. Tantôt le comédien n'est que l'exécutant du personnage, dont il décline la partition selon les codes théâtraux de son temps, sans s'identifier à lui ; tantôt il coïncide tellement avec lui que l'illusion est entière : le comédien jouant le traître du mélodrame essuie les quolibets du public au sortir de scène. Au quatrième acte des *Tisserands* d'Hauptman au Théâtre Libre en 1893, les spectateurs bourgeois s'enfuient lorsque sur scène les grévistes déguenillés envahissent en hurlant l'appartement du patron. L'identification du public entraîne une confusion entre la réalité et la fiction.

1.1 L'identité du personnage

Le personnage se présente comme un être fictionnel, défini par les actes successifs qu'il est censé accomplir. Vecteur de l'action, en même temps que sujet de l'énonciation, il renvoie à un individu qui ne préexiste ni ne survit au texte. Son existence virtuelle se déduit de divers indices que, pour commencer, il convient de relever. Afin de l'identifier, il est important de relever ce qu'il dit de lui-même, mais aussi tout ce que les autres disent à son sujet, en tenant compte non seulement des mensonges éventuels, mais aussi des différents points de vue le concernant. À cet égard, la première scène du *Tartuffe* est riche d'indications contradictoires permettant néanmoins d'identifier le personnage éponyme.

• *Le nom*

Même s'il n'est pas une personne réelle, le personnage de théâtre entretient des ressemblances avec la réalité. Le patronyme qui, dans l'espèce humaine, désigne l'individu constitue le premier élément permettant d'établir son identité. Dans un texte littéraire, il est porteur d'informations et « doit toujours être interrogé soigneusement car le nom propre est, si l'on peut dire, le prince des signifiants : ses connotations sont riches, sociales et symboliques » (Barthes). L'onomastique du personnage revêt des résonances différentes selon qu'elle renvoie à un référent concret (personnages ayant effectivement existé et donnant l'impression de sortir de la réalité contemporaine : *Roberto Zucco* de Koltès) ou à un code théâtral qui évolue avec les genres et les époques (personnages issus de la tradition farcesque, masques de la *commedia*). L'Histoire rivalise alors avec la fiction.

Dans la tragédie, les noms des personnages sont le plus souvent empruntés à l'Histoire ou à la mythologie. Rois (Richard III), tyrans (Néron), princes (Britannicus), héros guerriers (Horace), conquérants illustres (Tamerlan), divinités (Dionysos), demi-dieux (Héraclès), figures légendaires (Œdipe) en constituent le personnel ordinaire. La référence implicite à ce que l'Histoire – ou la légende –

nous apprend d'eux leur confère un statut privilégié, qui garantit leur inscription dans le réel, sans que l'auteur juge nécessaire d'apporter des précisions sur les événements notoires de leur biographie.

Dans la comédie, les noms varient avec les temps et les modes. Révélateurs d'une tradition ancienne, certains patronymes de la comédie classique renvoient à des emplois codifiés : Géronte (en grec : le vieux) est un nom de père déjà âgé ; Ariste (en grec : le meilleur) laisse pressentir un personnage raisonnable. D'autres s'inscrivent dans l'histoire du théâtre : Scapin ou Arlequin appartiennent à la famille des serviteurs d'origine italienne. Les bourgeois de l'âge classique s'appellent M. Dimanche, M. Jourdain ou M. Damis. Les servantes ont juste droit à un prénom : Martine, Nicole, Dorine ou Suzanne. Dans la tradition de la fable médiévale, Molière joue avec les sonorités pour inventer des patronymes suggestifs : à peine nommés, les Diafoirus, père et fils, sont déjà ridicules ; dès les inflexions de son nom où « la rotonde plénitude de la syllabe "tar" s'achève et s'aiguise dans l'insinuation feutrée de la syllabe "tuffe" » (G. Ferreyrolles), on pressent la duplicité du personnage nommé Tartuffe. Il faut noter toutefois que certains personnages au patronyme savoureux sont à peine interpellés par leur nom : la comtesse d'Escarbagnas ne se voit apostrophée qu'à deux reprises dans le cours de la pièce, ce qui suggère que l'effet satirique recherché touche davantage le lecteur que le spectateur.

Dans le vaudeville, l'onomastique prend souvent des résonances pittoresques. Le théâtre de Labiche propose une galerie de figures affublées de noms savoureux ; la plus grande fantaisie poétique détermine des patronymes aux sonorités plaisantes : Mistingue, Lenglumé ou Potard dans *L'Affaire de la rue de Lourcine*, Coquenard, Chiffonnet ou Machavoine dans *Le Misanthrope et l'Auvergnat*. Le théâtre réaliste offre au contraire des noms semblables à ceux de l'état civil : André Serguéevitch Prosorov (*Les Trois Sœurs* de Tchekhov), ou Constantin Gavrilovitch Tréplev (*La Mouette* de Tchekhov) semblent venir directement du terroir russe.

Dans le théâtre contemporain, l'onomastique varie selon les auteurs : certains y sont attentifs et jouent avec les connotations qu'elle offre ; d'autres ne s'en préoccupent pas. Les personnages de Beckett sont souvent affublés de noms étranges et de surnoms disparates : Hamm, Clov, Nagg ou Nell (*Fin de partie*), Krapp (*La Dernière Bande*). Chez d'autres auteurs, les noms sont parfois interchangeables : tous les personnages de *Jacques ou la Soumission* de Ionesco s'appellent Jacques, suggérant de la sorte leur conformisme petit-bourgeois. Ils peuvent aussi rester indéterminés : les deux personnages des *Amants du métro* de Tardieu s'appellent seulement Elle et Lui, auxquels s'ajoutent « vingt-trois voyageurs anonymes ». Le personnage féminin de *Credo* d'Enzo Cormann ne porte aucun nom. Chez

Adamov, tel personnage est seulement identifié par une initiale (N dans *La Parodie*). La banalité des existences transparaît alors dans l'insignifiance ou l'absence de patronymes.

La manière dont les personnages s'interpellent est porteuse elle aussi d'informations sur les rapports qu'ils entretiennent entre eux. Au deuxième acte de *Tartuffe*, Orgon appelle Dorine « Mamie », ce qui laisse suggérer une familiarité ancienne dans la famille. Pour commencer, il la vouvoie, mais, agacé par les remontrances de la servante, il en vient à la qualifier de « serpent » et le passage au tutoiement rappelle le pouvoir paternaliste qu'il exerce sur ses domestiques. La connivence qui réunit Vladimir et Estragon, les deux clochards d'*En attendant Godot*, se manifeste par les surnoms de Didi et Gogo dont ils s'affublent. Dans *Lorenzaccio*, selon ses interlocuteurs, le personnage-titre est appelé tantôt Renzo, Lorenzo, Renzino ou Lorenzino par ceux qui l'aiment et Lorenzaccio, Renzinaccio ou Lorenzetta par ceux qui le méprisent.

• *L'état civil*

Les auteurs apportent parfois quelques précisions sur l'identité de leurs personnages ; mais le plus souvent ils se montrent très discrets à ce propos. On sait seulement, par deux alexandrins, que Rodrigue est jeune :

> Je suis jeune il est vrai ; mais aux âmes bien nées
> La valeur n'attend pas le nombre des années.

Corneille, Le Cid, II, II.

On apprend incidemment qu'Arnolphe, dans *L'École des femmes*, a « quarante-deux ans », ce qui à l'époque fait de lui un barbon. Il est rare toutefois que les auteurs multiplient les précisions sur l'âge exact de leurs personnages, ce qui entretient à leur sujet une stimulante incertitude : l'interprétation de Dom Juan varie profondément selon qu'on prend à la lettre ou comme une boutade la remarque de Sganarelle affirmant « qu'il est jeune encore ». L'indétermination du personnage classique lui garantit une universalité, relativisée évidemment par le choix des interprètes lors de la représentation. Même lorsque le passé du personnage prend symboliquement une importance constitutive (Phèdre, Andromaque), il demeure vague et peu développé.

À partir du XVIIIe siècle, les auteurs multiplient les indications concernant la biographie de leurs personnages. Turcaret est doté par Lesage d'un *curriculum* assez précis : fils d'un maréchal-ferrant, il s'est trouvé successivement domestique d'un marquis, puis capitaine-concierge et a épousé la fille d'un pâtissier avant de devenir brasseur d'affaires. Dans *Le Barbier de Séville*, lorsqu'il retrouve le Comte

Almaviva, Figaro raconte par le menu sa vie depuis qu'il a quitté le service de son maître ; biographie complétée, dans *Le Mariage de Figaro*, par la relation de sa naissance. Ces itinéraires riches en évènements font des personnages les témoins de leur époque et leur donnent une valeur emblématique.

Pourtant, même quand les auteurs apportent des précisions sur la façon dont leurs personnages sont ancrés dans une certaine réalité (passé d'Orgon durant la Fronde, démêlés de Scapin avec la justice), les lacunes de leurs états civils, fragmentaires et sélectifs, demeurent flagrantes. D'une manière générale, leurs biographies sont réduites à quelques bribes, l'évocation de leur passé est restreinte aux événements ayant des conséquences sur l'action, leur insertion dans le réel limitée à de rares détails significatifs.

• *La condition sociale*

Les informations concernant la condition sociale des personnages sont, elles, souvent nombreuses. Dans le théâtre classique, la condition des personnages les individualise de façon flagrante : de Jourdain, bourgeois qui veut accéder au statut de gentilhomme, à Dandin, roturier qu'un mariage malheureux a élevé à la noblesse, le conflit dramatique tire son origine des écarts sociaux qui différencient les protagonistes. Goldoni présente une grande variété de figures issues de toutes les classes sociales : outre la bourgeoisie, dont il montre l'ascension et les faiblesses, dans ses activités économiques ou ses loisirs (*La Manie de la villégiature*), il porte également à la scène les gens du peuple, qui doivent courir après leur subsistance : pêcheurs de Chioggia, saisis au milieu de leur activité quotidienne (*Le Baruffe chiozzotte*), petites gens de cette place de Venise où se situe *La Bottega del caffè*. Ces figures portent l'empreinte du réel et la marque de leur époque sans pour autant cesser d'être des personnages de théâtre.

Les auteurs contemporains, de Brecht (*Maître Puntilla et son valet Matti*) à Genet (*Les Bonnes*), inscrivent eux aussi l'action dramatique dans des conflits de personnages définis par des affrontements sociaux. Chez Beckett, la dialectique du maître et de l'esclave trouve à travers le couple Pozzo/Lucky une dimension métaphorique rendue théâtralement évidente par la corde qui les lie. Même traités de façon plus abstraite, les déterminismes sociaux sont producteurs de conflit dramatique. D'une façon ou d'une autre, le théâtre rappelle en permanence qu'il demeure un rituel social.

• *La caractérisation*

Les personnages sont dotés de traits caractéristiques qui les individualisent. Il peut s'agir tout d'abord de caractérisations physiques qui les singularisent et permettent de les identifier aussitôt : Cyrano se distingue par son nez, dont il se glorifie avec éclat ; Falstaff par une bedaine aux dimensions impressionnantes, Richard III par sa claudication venant d'une malformation de naissance. Rares pourtant les détails aussi précis – et limitatifs – que les « yeux bleus » et les « cheveux sur l'oreille » que Musset prête à Fortunio (*Le Chandelier*).

L'apparence des personnages peut être complétée par des indications sur leurs costumes, qui prennent une valeur symbolique. Nous connaissons leur condition sociale et même leur personnalité grâce à ces détails vestimentaires : Sganarelle « porte une fraise, avec un habit jaune et vert » (*Le Médecin malgré lui*), Alceste est « l'homme aux rubans verts », Hamlet se présente vêtu d'un « manteau noir comme l'encre et du costume obligé d'un deuil solennel », Madame, dans *Les Bonnes*, avec sa « robe de velours écarlate ». Les auteurs savent que le costume permet de déchiffrer, outre l'appartenance historique et sociale, « des idées, des connaissances ou des sentiments » (Brecht).

À ces indications extérieures, les auteurs ajoutent un ensemble d'éléments caractérisant le tempérament, les vices ou les qualités du personnage. Ces traits psychologiques et moraux lui donnent une spécificité que l'on a longtemps assimilée à un caractère. La tradition classique considère le personnage comme une entité dotée d'un caractère préexistant, dont la justification se trouve à travers les actions présentées dans la pièce. Proposant une description précise des motivations des personnages, la *comédie de caractère* repose ainsi sur une reconstitution aussi précise que possible des signes distinctifs synthétisant un tempérament, un vice ou une qualité (avarice, misanthropie, distraction). De même, certains auteurs élisabéthains font appel aux quatre humeurs fondamentales pour identifier physiologiquement leurs créatures (*Chacun dans son humeur* de Ben Jonson). Les motivations sont un élément essentiel de la caractérisation. Elles donnent leur justification aux projets des personnages et garantissent l'inscription de l'action dont le hasard et l'irrationnel sont exclus

Cette conception essentialiste suppose que le personnage existe en amont de l'action dramatique et que celle-ci n'est que la conséquence d'un caractère qui se transforme en principe causal dans le développement de l'intrigue. Les traits individuels sont multipliés afin de créer un être à la fois fictif et réel auquel il est possible de s'identifier : un personnage théâtralement efficace alliant l'universalité à l'individualité, le général au particulier, chacun a la possibilité de reconnaître une part de lui-même dans le caractère de l'amoureux, du jaloux ou de l'atrabilaire. Pourtant, s'il est vrai que certains personnages témoignent d'une très grande complexité, leur caractère ne peut être que déduit de leur action et non pas l'inverse. Le personnage de théâtre accomplit un certain nombre d'actions ;

c'est seulement à partir de là que le lecteur a la liberté de construire la logique expliquant son comportement. « Les personnages n'agissent pas pour imiter les caractères, mais ils reçoivent leurs caractères par surcroît et en raison de leurs actions » (Aristote).

À l'encontre de cette conception logique, les auteurs de l'absurde proposent des personnages imprévisibles et échappant à toute caractérisation. L'anti-héros ionescien se dépouille de tous les attributs psychologiques et sociaux pour ne plus être qu'un homme de nulle part, insolite et indéterminé. « Juste assez présents pour dire qu'ils n'existent pas » (M. Corvin), les personnages de Beckett se réduisent au ressassement d'un langage qui n'en finit pas de s'épuiser. Pour toute caractérisation, ils n'offrent que les traces d'un monde qui les mutile et les désagrège. Il semble vain de chercher à leur constituer une identité.

1.2 Les relations entre personnages

La quantité des personnages varie en fonction de considérations qui renvoient à la matérialité de la représentation. Nombre de pièces de Marivaux portent la marque de leurs destinataires : écrites pour les comédiens italiens, elles présentent une distribution qui reflète la composition de la troupe qui les a créées.

Un personnage théâtral est rarement seul. Il intervient par rapport à autrui et n'existe que par la confrontation avec d'autres personnages qui lui donnent sa signification. L'amoureux n'est tel que par la présence de l'être aimé, le rusé par celle du naïf destiné à être berné, le maître par celle de l'esclave. Quand il s'agit d'un monologue, la présence d'autrui garde une indéniable importance, même si elle ne possède pas de réalité scénique. La solitude scénique de Paul, dans *Regarde les femmes passer* d'Y. Reynaud, est hantée par les visages de toutes les passantes entrevues qui alimentent sa soif d'aimer. C'est pourquoi il est nécessaire d'observer, dès le générique, la combinatoire qu'inclut la liste des personnages d'une pièce, établie selon des hiérarchies variant avec les époques.

• *Couples*

Très souvent les personnages procèdent par couples. Qu'il s'agisse d'un rapport amoureux (*Roméo et Juliette*), d'un rapport parental : père/fils (Horace et le vieil Horace, dans la pièce éponyme de Corneille), ou mère/fille (Madame Argante/ Angélique, dans *L'École des mères* de Marivaux), d'une relation maître/serviteur (Puntilla et son valet Matti, chez Brecht) ou de la hiérarchie politique qui unit et oppose le roi et son sujet (Richard II et Bolingbroke), tout personnage exige la complémentarité d'un partenaire. Cette réciprocité semble nécessaire à son existence théâtrale. Sans Sganarelle, difficile d'envisager Dom Juan, qui a littéralement besoin de ce faire-valoir, serviteur/spectateur au regard à la fois réprobateur et fasciné. Lorenzaccio est indissociable du duc Alexandre, son double gémellaire et antithétique (l'un est assimilé à un « sanglier », l'autre s'affiche comme une « puce ») : une relation ambivalente, où Éros et Thanatos se conjuguent étroitement, les réunit aussi bien dans la débauche que dans une même pulsion morbide débouchant inévitablement sur le meurtre. Que l'un des deux disparaisse, fût-ce de la main du second, l'autre n'a plus qu'à se laisser mourir, comme vidé de sa propre substance. Pareillement, chez Beckett, Vladimir et Estragon, Pozzo et Lucky (*En attendant Godot*), Willie et Winnie (*Oh les beaux jours*), Hamm et Clov ou Nagg et Nell (*Fin de partie*), sont inimaginables seuls. L'existence théâtrale de chacun est conditionnée par son statut au sein de couples que rien ne peut dissocier.

• *Constellations*

Tous les personnages s'inscrivent à l'intérieur d'un microcosme structuré dont ils sont interdépendants. L'individualité de chacun se construit à partir des traits différentiels qui définissent ses relations avec les autres. Il est toujours utile de repérer les caractères pertinents et antithétiques qui les articulent. Les ressemblances et les oppositions existant entre eux mettent en évidence l'organisation de constellations, pour reprendre le terme de R. Monod, qui suggèrent la place de chacun à l'intérieur de la pièce. Le générique du *Dom Juan* de Molière offre ainsi un singulier mélange. Des personnages portant des noms de nobles espagnols (Dom Juan, Dom Louis, Dom Carlos ou Dom Alonse) figurent à côté de paysans français (Pierrot, Charlotte, Mathurine) ; d'autres, dont les noms semblent venir de la farce (Sganarelle, La Violette, Ragotin ou La Ramée), voisinent avec un bourgeois (M. Dimanche), un « pauvre » nommé Francisque, une statue de Commandeur et un spectre. À la pluralité des couches sociales s'ajoute la fantaisie d'un monde théâtral qui brasse les genres les plus hétéroclites (de la tragédie à la farce, jusqu'au merveilleux et au fantastique). Le caractère disparate de ces différentes constellations de personnages révèle un univers où, comme le remarque Jacques Guicharnaud, la trajectoire de l'œuvre est annoncée d'emblée :

> Ces rencontres de personnages qui, de par leur origine ou leur tradition littéraire, ne sont pas faits pour s'entendre, promettent une pièce bâtie avant tout de désaccords, où les alliances mêmes sont imposées en dépit des répulsions naturelles. L'unité, s'il y en a une, dépendra donc d'une organisation profonde, d'un postulat de base, car elle ne saurait être fondée sur une simplicité d'intrigue, ni même sur un thème immédiatement apparent.
>
> J. Guicharnaud, *Molière, une aventure théâtrale.*

Tout travail sur les personnages commence donc par le repérage de ces diverses constellations, qui éclairent la place respective que chacun occupe, ainsi que les conflits et les contrats qui les opposent ou les réunissent. Leur mise en évidence annonce le système de relations que la pièce propose. Le modèle actantiel permet ensuite d'analyser leur fonction dans l'action.

2. Fonction du personnage

Le personnage a une fonction essentielle dans l'organisation dramatique. Important ou secondaire, chaque personnage joue un rôle dans l'action de la pièce. Loin de toute causalité morale ou psychologique justifiant l'action par un caractère donné d'emblée, le personnage s'identifie à travers ce qu'il fait, non comme une entité abstraite et préalable, mais comme une production.

2.1 L'actant

Le système actantiel permet, on l'a dit (voir chap. 2), de repérer les rapports de force entre les personnages. Le personnage se présente d'abord comme un actant. À travers l'identité fictive que constitue son nom, il est le lieu textuel où s'accomplissent les fonctions fondamentales. Sans entrer dans le détail des motivations qui pourraient déterminer son comportement, il convient d'analyser comment il se révèle le vecteur de forces agissantes.

Avec les différents axes qui définissent les fonctions syntaxiques intervenant dans la progression de l'action (sujet/objet, destinateur/destinataire, adjuvant/opposant), le système actantiel permet de placer chaque personnage dans un réseau relationnel qui l'unit ou l'oppose aux autres personnages. La complémentarité de chacun y devient manifeste. Le sujet n'existe que dans la relation de désir qui le porte vers son objet, et l'adjuvant n'a de raison d'être que par la présence d'un opposant qui contrarie la quête du sujet. Si l'on admet par exemple que l'objet du désir de Phèdre est Hippolyte, tandis qu'Œnone occupe la fonction d'adjuvant, Thésée et Aricie celle d'opposants, chacun des personnages de Racine trouve ainsi sa justification au cœur de l'action dramatique, sans qu'il soit besoin de recourir à un discours psychologisant. Aucun schéma ne permet de placer Thésée ailleurs qu'en opposant de Phèdre ou d'Hippolyte, ce qui explique « son aveuglement, son ignorance, son incapacité à se constituer en sujet » (A. Ubersfeld).

S'il a toujours un rôle actantiel, le personnage ne se réduit pourtant pas à un schéma simple. Il lui arrive de remplir plusieurs fonctions ; soit successivement, soit de façon simultanée : Octave, dans *Les Caprices de Marianne* de Musset, passe de la fonction d'adjuvant à celle de sujet. Il devient même pour finir un opposant virtuel. Sganarelle est, chez Molière, à la fois l'adjuvant de Dom Juan et son opposant ; cette contradiction est l'expression de l'aliénation sociale et morale d'un personnage ambigu.

En outre, plusieurs personnages peuvent, dans une même pièce, remplir concurremment une fonction analogue : dans *Lorenzaccio*, Lorenzo, la marquise Cibo et Philippe Strozzi sont tous trois les sujets d'un désir orienté vers un objet exclusif : leurs actions respectives ont pour enjeu commun le duc Alexandre. La lutte contre le pouvoir tyrannique prend de la sorte plusieurs visages. Des dédoublements inattendus surgissent à travers de fascinants jeux de miroir : analogies entre Philippe Strozzi et la marquise Cibo, marqués tous deux par une même impuissance à agir sur la réalité ; correspondance symbolique entre la marquise Cibo et Lorenzo, portés par un désir ambivalent, où l'érotique se conjugue au politique. Le modèle actantiel souligne la richesse et la complexité du système dramatique.

2.2 L'acteur

Si l'actant constitue une unité syntaxique au sein du système actantiel, l'acteur (à ne pas confondre, dans cette acception, avec le comédien) désigne le personnage comme « un élément animé caractérisé par un fonctionnement identique, au besoin sous divers noms et dans différentes situations » (A. Ubersfeld). Il est la particularisation d'un actant. Dans la pièce de Molière, Scapin est tantôt l'adjuvant des jeunes gens amoureux, tantôt le sujet d'une entreprise menée contre l'ordre établi ; mais il se définit toujours comme l'« acteur qui fabrique des fourberies », celui qui dupe aussi bien les vieux pères Géronte ou Argante que son maître Léandre, comme en témoigne la confession de toutes ses « perfidies » au deuxième acte.

L'acteur se caractérise à la fois par un *procès* (ce qu'il a à faire : gouverner, se battre, tromper, aimer) et par un ensemble de traits différentiels à fonctionnement binaire, qui mettent en évidence les rapports des personnages entre eux (jeunes/vieux, habiles/maladroits, actifs/non-actifs). Dans *La Double Inconstance*, par exemple, Lisette doit séduire Arlequin et se concilier Silvia ; comme sa sœur Flaminia, elle est « fille d'un domestique du Prince » ; mais elle se caractérise surtout par sa maladresse et sa sotte agressivité, tandis que Flaminia apparaît plus habile et complaisante. Ces deux traits différentiels distinguent l'acteur Lisette de l'acteur Flaminia, alors que toutes deux remplissent la même fonction actantielle.

Même si l'acteur demeure un élément abstrait qui ne peut se confondre avec le personnage (plusieurs personnages peuvent être le même acteur), la fonction actorielle permet à la fois de déterminer le personnage et d'éclairer ses rapports réciproques avec autrui. À travers elle, celui-ci s'individualise et se caractérise par un ensemble d'actions concrètes.

Différenciant difficilement les deux personnages du Dealer et du Client de sa pièce *Dans la solitude des champs de coton*, Koltès fait remarquer que « c'est un peu comme deux bateaux posés chacun sur des mers en tempête, et qui sont projetés l'un contre l'autre, le choc dépassant de loin la puissance des moteurs ». En d'autres termes, que l'un cherche à vendre et l'autre à acheter, c'est un même désir qui les rapproche et conditionne leur attraction /répulsion.

2.3 Le rôle

Intervenant à l'intérieur d'une action, le personnage adopte un rôle qui le constitue comme tel. La notion de rôle, inséparable à l'origine de la dimension du texte écrit pour le personnage (l'étymologie du terme renvoie au rouleau de bois sur lequel était fixé le texte du comédien), désigne la fonction particulière qui incombe à l'acteur. Elle permet de « passer du code actantiel abstrait aux déterminations concrètes du texte » (A. Ubersfeld).

Cette fonction est souvent déterminée par des codes qui s'inscrivent dans l'histoire du théâtre : les *emplois* et les *types*. Les personnages de la *commedia dell'arte* (Arlequin, Pantalon, Scaramouche, le Capitan) sont le produit d'une tradition scénique héritée du style de jeu de comédiens d'une époque et étroitement liée à un imaginaire social. Le rôle est assorti de diverses contraintes qui, bien que détachées du contexte particulier qui les a produites, se présentent comme des déterminations inévitables : goinfrerie nigaude d'Arlequin, avarice de Pantalon, sotte fatuité de Matamore. Ces traits distinctifs définissent non seulement l'apparence scénique du personnage (costume, gestuelle) mais également son fonctionnement théâtral. Le valet trompeur qu'est Scapin renvoie à tous les valets trompeurs de la tradition et s'inscrit dans un permanent rapport avec l'histoire du théâtre. De même, le rôle codé du traître de mélodrame rassemble plusieurs caractéristiques (méchanceté, ruse, identité douteuse) qui prédéterminent le comportement d'un personnage amené malgré lui à endosser le rôle (Ruy Blas). L'analyse du personnage doit donc tenir compte de cette théâtralité qui détermine chaque rôle particulier.

Enfin, en sa qualité d'acteur, le personnage peut emprunter plusieurs rôles : dans *Le Malade imaginaire*, Toinette, pour empêcher le mariage que projette Argan, joue le rôle d'une servante effrontée qui tient tête à son maître ; puis elle devient un faux docteur, qui se livre à une consultation loufoque dans la tradition des médecins de la farce. Claire et Solange, dans *Les Bonnes* de Genet jouent pareillement tantôt le rôle de Madame et tantôt le leur, dans un travestissement qui s'apparente à un sacrifice rituel.

3. Le personnage comme sujet d'un discours

À la différence du héros de roman, qu'un auteur omniscient peut décrire et expliquer dans le détail, le personnage de théâtre échappe au commentaire explicatif ou descriptif. Si le comédien lui donne une apparence, un visage et une voix, lui conférant une réalité physique – interprétation fugitive et réinventée à chaque représentation –, le personnage n'est au départ qu'un être de langage. Il existe seulement par et dans les mots.

Tantôt prolixe, tantôt peu disert, il est le sujet et le lieu d'une parole qui s'élabore sous son nom. Il se trouve à la tête de répliques ou de monologues qui constituent son texte : on sait que les comédiens ont longtemps été rémunérés en fonction du nombre de lignes de leur rôle. L'importance de son discours confirme son statut. Corneille doit se justifier, dans la préface de *La Mort de Pompée*, de ne pas faire parler le personnage éponyme :

> Il y a quelque chose d'extraordinaire dans le titre de ce Poème, qui porte le nom d'un héros qui n'y parle point ; mais il ne laisse pas d'en être en quelque sorte le principal acteur, puisque sa mort est la cause unique de tout ce qui s'y passe.
>
> Corneille, Examen de *La Mort de Pompée*.

La seule donnée objective qu'offre le personnage est constituée par l'ensemble des discours qui sont regroupés sous son nom. Le rôle, entendu ici comme une « partie du texte dramatique correspondant aux paroles que doit dire sur scène un acteur dans une pièce de théâtre » (Le Robert), permet de définir chaque personnage comme sujet d'un discours. De même que la fréquence de leurs apparitions crée une hiérarchie entre les personnages d'une pièce, on peut mesurer quantitativement l'importance de chacun en fonction de la longueur du texte qui lui est attribué, même si la répartition de la parole ne correspond pas toujours à sa présence scénique : Willie, qui est sur scène tout au long d'*Oh les beaux jours* de Beckett, n'émet que quelques borborygmes. Dans *L'École des femmes*, présent trente et une scènes sur trente-deux, Arnolphe monopolise au contraire près de la moitié du texte de la pièce. Le repérage des interventions de chaque protagoniste, l'étude de la répartition des paroles sur l'ensemble d'une pièce fournissent donc d'indispensables indices pour l'analyse du personnage. La comparaison des répliques entre différents protagonistes est également éclairante sur le statut de chacun : les jeunes filles du théâtre de Molière parlent beaucoup moins que les servantes. Leur réserve n'est pas seulement d'ordre psychologique. Elle est révélatrice du regard de moraliste que l'auteur porte sur la bourgeoisie de son époque.

3.1 L'idiolecte du personnage

Le discours du personnage de théâtre est ambivalent. Il simule la parole d'un sujet qui n'existe que par lui, mais il est également celui d'un auteur qui le fait parler. Cette double énonciation relativise les caractéristiques que l'on peut relever dans les parlers des différents protagonistes. Dans tous les cas, il s'agit d'un langage imaginaire, qui est supposé correspondre à celui de l'être social qu'il représente. Pourtant la langue de l'auteur se fait toujours entendre derrière les idiolectes, c'est-à-dire les particularités langagières, qu'il prête à ses créatures. Au-delà de leurs *parlures* différenciées qui dénotent une même appartenance sociale, les paysans de Marivaux s'expriment dans un autre patois que ceux de Molière. Tous les personnages de Giraudoux, malgré leurs différences, parlent avec la même élégance une langue à la fois poétique et familière qui n'appartient qu'à leur auteur. Dans certaines pièces de V. Novarina comme *Vous qui habitez le temps*, les personnages disparaissent totalement derrière le langage de leur auteur. La création verbale novarinienne prend le pas sur toute autre considération.

• *Les niveaux de langue*

Si dans la tragédie classique, la recherche d'une certaine unité de ton atténue les différenciations entre les personnages, dans la comédie ou dans le théâtre contemporain l'individuation commence par la caractérisation des parlers. Jargons, argots, patois, dialectes, langues étrangères plus ou moins déformées, les discours des personnages indiquent leur origine géographique, sociale ou professionnelle. Dans *Le Médecin malgré lui*, Géronte et Lucas ne comprennent pas le jargon latino-médical que parodie Sganarelle sous son déguisement. « Ah ! Que n'ai-je étudié ! » regrette l'un, tandis que l'autre s'extasie : « Oui, ça est si biau, que je n'y entends goutte ». Outre les réactions de chacun face à un langage contrefait, l'écart que révèlent leurs façons de parler dénote immédiatement leur appartenance sociale respective. De même, le théâtre de Marivaux invite à explorer les relations entre le langage et la condition sociale. Les oppositions entre maîtres et valets se révèlent souvent par des différences de niveaux de langue. Le statut de serviteur d'Arlequin, par exemple, dans *Le Jeu de l'amour et du hasard*, se signale par des trouvailles lexicales et des approximations linguistiques qui le distinguent immédiatement de ses interlocuteurs : à M. Orgon l'invitant à se « rafraîchir », Arlequin répond : « Je n'ai jamais refusé de trinquer avec personne ». Ce qui situe le personnage à un niveau de langue inférieur et souligne ses origines populaires.

• *Les codes linguistiques*

L'étude minutieuse du vocabulaire et de la syntaxe d'un personnage apporte des renseignements à son sujet. Dans *Le Misanthrope*, la multiplication des jurons employés par Alceste (« parbleu », « morbleu », « par la sangbleu »), constitue une indication significative sur ce personnage fourvoyé dans son siècle et dans ses relations, qu'une syntaxe archaïsante achève de personnaliser.

Les champs lexicaux utilisés par les personnages sont également révélateurs de leur signification dramaturgique. La multiplication des termes de théologie dans le discours amoureux de *Tartuffe* est l'expression d'une équivoque soigneusement entretenue. Entre la ferveur religieuse et la fièvre érotique qu'il conjugue, se lit la contradiction essentielle d'un personnage qui ne parvient pas à se dépouiller de son masque. Son vocabulaire dénote immédiatement son appartenance à la confrérie de ces dévots de l'époque, un peu démodés sans doute, qui, « en empruntant à la mysticité ses fruits confits et ses fleurs artificielles, sont en arrière de plusieurs saisons sur le dernier printemps » (Sainte-Beuve).

Les personnages de Werner Schwab dans *Les Présidentes* semblent tiraillés entre toutes sortes de langues qu'ils s'efforcent de prendre à leur compte (langage élégant de la bourgeoisie, tournures dialectales, langue des médias, obscénités, etc.). Comme le note J.-P. Ryngaert, ils deviennent « une sorte de carrefour de paroles » et semblent davantage « parlés » que parler.

3.2 La situation d'énonciation

Les paroles d'un personnage, même les plus simples, sont inséparables de la situation d'énonciation qui les fait surgir. Le discours théâtral est toujours *en situation*. Tout énoncé est dépourvu de sens si on le soustrait de la situation qui l'a produit : du « Que diable allait-il faire dans cette galère » de Géronte au « sans dot » d'Harpagon de *L'Avare*, on peut vérifier que, sorties de leur situation d'énonciation, ces répliques célèbres n'ont plus aucun sens.

La situation est déterminée par les conditions matérielles ou psychologiques des interlocuteurs. Sganarelle, se croyant seul et parlant d'égal à égal avec les deux paysannes, les avertit de la scélératesse de Dom Juan :

> Mon maître est un fourbe, il n'a dessein que de vous abuser, et en a bien abusé d'autres, c'est l'épouseur du genre humain.

Que surgisse le maître, aussitôt le discours se renie :

> Cela est faux et quiconque vous dira cela, vous lui devez dire qu'il en a menti. Mon maître n'est point l'épouseur du genre humain,

il n'est point fourbe, il n'a pas dessein de vous tromper, et n'en a pas abusé d'autres.

Molière, *Dom Juan*, II, IV.

La confrontation de ces deux discours radicalement inverses, énoncés dans des situations différentes, éclaire les contradictions du personnage et l'état de dépendance dans lequel il est tenu en permanence.

La situation d'énonciation peut également résulter de considérations idéologiques. La parole fragmentaire de M. Dimanche réclamant le règlement de ses dettes à Dom Juan se justifie sans doute par les interruptions permanentes que lui impose son interlocuteur. Elle s'explique surtout par le rappel idéologique de ses obligations, que lui inflige le grand seigneur en multipliant les allusions à l'écart social qui les éloigne : le fauteuil où l'on installe le marchand dans l'appartement du seigneur devient le signe dérisoire de l'inconvenance de sa demande de règlement d'une créance.

Pour qui veut interpréter le texte théâtral, il est donc indispensable de définir les situations d'énonciation de chaque personnage. Certains textes comme ceux de l'époque classique, offrent suffisamment d'indications pour permettre un déchiffrage immédiat de celles-ci ; d'autres sont plus énigmatiques. Il est alors délicat de déterminer qui parle à qui et de saisir dans quelles conditions concrètes intervient la prise de parole. Ainsi, dans *La Demande d'emploi*, M. Vinaver enchevêtre les conversations de plusieurs personnages intervenant dans des espaces-temps différents sans qu'il soit possible d'identifier de manière certaine la situation de chacun (cadre intime, social, lieu extérieur, etc.).

La mise en scène peut aussi modifier arbitrairement la situation d'énonciation proposée par l'auteur. Choisissant de jouer *Le Balcon* de Genet dans un décor de cimetière et non dans celui d'une maison d'illusions comme le suggère l'auteur, le metteur en scène A. Steiger modifie les situations d'énonciation des personnages. Mais en faisant sortir les répliques de leur cadre référencé, il parvient à mettre en évidence combien la scène est « ce lieu voisin de la mort, où toutes les libertés sont possibles» (Genet). Il démontre ainsi la pertinence de sa lecture.

4. Pour une lecture romanesque du personnage de théâtre

Le personnage se présente comme une « somme d'indices et de repères » (R. Abirached) regroupés sous une même identité. Même s'il constitue un élément déterminant du texte, il demeure un être de papier dépourvu naturellement de toute psychologie et sans autre réalité que celle que son discours suppose. Pour exister, il a besoin d'un comédien qui lui donne les déterminations indispensables à sa constitution (visage, corpulence, registre vocal, démarche, énergie) :

> Ce qui était en suspension entre les mots surgit dans l'actualité de la représentation, et l'on serait tout prêt à croire que l'imaginaire fabrique dès lors du réel.
>
> R. Abirached, *La Crise du personnage dans le théâtre moderne.*

Le personnage fait donc l'objet d'une double illusion identificatrice : il provoque une démarche d'appropriation de la part de l'acteur qui l'interprète et qui entre « dans la peau » de son personnage mais suscite aussi un processus d'identification chez le spectateur qui se projette dans le personnage qu'il voit représenté.

4.1 Le comédien et le personnage

Contrairement à ce que laisse penser l'expression convenue, ce n'est pas l'acteur qui entre « dans la peau » du personnage, pour la simple raison que celui-ci, précisément, n'a pas de peau ; c'est le personnage qui s'incarne à travers un comédien. Ce travail d'incarnation s'accomplit à partir du moment où le comédien, d'abord lecteur de la pièce, fait surgir une personne imaginaire à laquelle, le temps d'une représentation, il donne existence en lui prêtant son corps et sa voix. Nourrie de l'émotion que cette rencontre engendre, une relation sensible s'instaure alors entre un être réel, vivant, actuel et les mots exsangues, souvent anciens et étranges d'un texte. Le personnage s'identifie avec son interprète. Gérard Philipe prête un visage à Rodrigue ou à Lorenzaccio, Gérard Depardieu à Tartuffe, ou Al Pacino à Richard III. D'autres viendront ensuite, qui donneront une autre corpulence, un autre sourire, une autre démarche à ces mêmes personnages. Toutefois, comme le remarque Sartre, cet échange a ses limites :

> Kean peut offrir son être à Hamlet, celui-ci ne lui prêtera jamais le sien ; Kean est Hamlet frénétiquement, entièrement, à corps perdu, mais sans réciprocité, c'est-à-dire à cette réserve près qu'Hamlet n'est pas Kean.
>
> J.-P. Sartre, *Un théâtre de situations.*

• *Incarnation ou distanciation*

Le comédien cherche tantôt à s'identifier au personnage qu'il interprète (Stanislavski), tantôt à prendre un point de vue critique à son sujet ; c'est ce que Brecht appelle la *distanciation*, qui est la capacité de « faire naître à son endroit étonnement et curiosité ». Dans tous les cas, il doit se faire le romancier du personnage qu'il interprète. Il lui invente une vie imaginaire, façonnée à partir du puzzle que constituent le texte du rôle et les quelques didascalies dont il dispose :

> C'est lui qui lui donne ses particularités et, le cas échéant, son état civil, c'est lui qui lui prête une sorte de tissu logique en mêlant son sous-texte au texte de l'auteur.
>
> R. Abirached, *La Crise du personnage dans le théâtre moderne*.

De l'action qu'accomplit le personnage, il va suggérer les motivations qui la justifient, d'une phrase qu'il doit prononcer, inventer l'intention qui la fait surgir, des mots qu'il utilise trouver la nécessité intérieure. Ce travail à rebours s'apparente à celui du romancier dans la mesure où il crée le personnage et lui offre une cohérence psychologique au fur et à mesure qu'il l'inscrit dans l'action. Il s'en distingue néanmoins, puisque le comédien est conditionné par une créature qui ne lui appartient pas et dont il ne peut modifier le parcours. Le texte théâtral seul en détermine les limites : tout n'est pas toujours possible.

• *Psychologie d'un être de papier ?*

Difficile de parler de psychologie du personnage théâtral. Par sa nature même, celui-ci ne peut rien éprouver. Seul le comédien est en mesure de manifester des sentiments susceptibles d'expliquer le comportement de son personnage. « Hamlet est comme une éponge », remarque Jan Kott ; pour les uns, c'est un héritier du trône qui cherche à se venger parce que son père a été assassiné ; pour d'autres, c'est un jeune intellectuel, maigre et triste, déjà consumé par le doute ; pour d'autres encore c'est un bon gros garçon qui n'a pas totalement réglé ses problèmes œdipiens avec sa mère. Ces contenus psychologiques sont tous cohérents. Ils permettent d'expliquer l'action et les discours d'un personnage énigmatique. Or ils sont parfaitement arbitraires. Ils constituent autant d'interprétations possibles, proposées par des comédiens pour justifier le même héros qu'ils doivent jouer. La psychologie d'un personnage de théâtre n'est qu'un élément imaginé par l'interprète en fonction des indices qu'offre le rôle, permettant de justifier *a posteriori* le comportement qu'il doit représenter. À ce dernier de respecter la cohérence – parfois très chaotique – imposée par le texte.

Quoi qu'il en soit, le simulacre que l'acteur produit lorsqu'il interprète sur scène le personnage suppose une nécessaire distance avec l'émotion réelle. Comme le souligne Diderot dans *Le Paradoxe du comédien*, l'acteur n'éprouve pas réellement les sentiments qu'il exprime : « Il n'est pas le personnage, il le joue et le joue si bien que vous le prenez pour tel ». Cela montre que cette psychologie, qui a longtemps tenu lieu de principe d'explication du théâtre, repose sur une double illusion : elle n'existe ni dans le personnage, ni dans son interprète. Elle est seulement le produit de leur rencontre. Et, pour finir, de l'imagination du spectateur.

4.2 L'identification du spectateur

La perspective du spectateur, c'est-à-dire le point de vue qu'il a sur les personnages, est déterminée par son degré de participation à ce qui lui est représenté. Face à un spectacle, son attitude va du désintérêt absolu pour l'action, qui se manifeste par le refus critique d'entrer dans l'illusion, à l'identification totale au personnage, provoquée par l'émotion qu'il ressent. Nul n'est dupe cependant. S'il arrive que le public demeure parfaitement indifférent à ce qu'on lui montre, la seconde de ces attitudes reste improbable : la *dénégation* amène le spectateur à garder à l'esprit qu'il est devant un personnage de théâtre et que ce qu'il voit sur scène n'est pas la réalité. « Il est faux qu'aucune représentation soit jamais prise pour la réalité ; il est faux qu'aucune fable dramatique ait jamais été matériellement croyable ou ait jamais été crue réelle *pendant une seule minute* » notait Stendhal. Il n'en reste pas moins que le plaisir théâtral du spectateur repose pour une part sur la capacité d'identification de celui-ci.

• *Le point de vue au théâtre*

Dans une fiction romanesque, le lecteur perçoit ce qui lui est raconté selon la perspective – la *focalisation* – déterminée par le romancier, il découvre les personnages en fonction du point de vue adopté par le narrateur, selon que celui-ci appréhende les choses et les êtres de l'extérieur ou de l'intérieur. Au théâtre, où les personnages s'expriment sans intermédiaire, le spectateur se trouve *a priori* dans une situation de témoin impartial convié à suivre ce qui lui est montré, libre de formuler ses choix et ses préférences. Comment parler de point de vue dans un art qui représente au lieu de raconter et dont la spécificité repose sur la *mimesis* ?

Il faudrait pourtant être bien naïf pour croire que les auteurs restent neutres, attendant de voir incarnés leurs personnages par un comédien pour les faire éventuellement bénéficier du capital de sympathie dont celui-ci jouit. Dès l'écriture du texte, privilégiant telle perspective plutôt que telle autre, l'auteur manipule nos préférences. Par des moyens subtils, il oriente la sympathie vers le héros et invite à se méfier des « méchants », Il convient donc de repérer par quels processus il influence le point de vue du spectateur,

> Il ne s'agit pas de savoir [...] quel est dans la pièce – s'il y en a un – le personnage « sympathique » (au sens le plus vulgaire de ce mot ; au sens où l'on dit :

M. Untel est bien sympathique !), [...] Sympathique en ce sens que, bon gré, mal gré, c'est par ses yeux, en sympathie, c'est-à-dire en correspondance privilégiée avec lui – que nous voyons l'univers scénique ; c'est par rapport à lui que nous ressentons la situation ; c'est en lui que – même avec horreur – nous plaçons le centre perceptif et appréciatif.

Etienne Souriau, *Les Deux Cent Mille Situations dramatiques*,

C'est par la distance esthétique que s'impose cette mise en perspective des personnages : plus le spectateur entre dans un processus d'identification, plus il est prêt à s'associer au point de vue du héros ou de l'héroïne : « Tout Paris pour Chimène a les yeux de Rodrigue » (Boileau), Cette identification qui offre « la satisfaction de sentir les différentes parties du moi se mouvoir sans inhibition sur la scène » (Freud) présente diverses modalités, qui vont de l'étonnement à la compétition, de l'admiration à la compassion, de la terreur à la pitié ; elle est à l'origine de la *catharsis*.

• *Les éléments de la distance esthétique*

Plusieurs facteurs interfèrent pour déterminer la distance esthétique du spectateur : des facteurs scéniques, dramaturgiques, cognitifs, rationnels et affectifs.

Les *facteurs scéniques* sont liés aux impératifs de l'intrigue et aux principales fonctions actantielles. Le titre de l'œuvre influence déjà le point de vue du spectateur qui a tendance à accorder spontanément sa sympathie au personnage éponyme, surtout s'il se révèle le sujet de l'action. L'omniprésence d'un personnage dont le rôle est quantitativement important le rapproche de nous : difficile de s'identifier à un simple comparse ; cependant, l'absence scénique elle aussi peut parfois valoriser la perspective : le retardement de l'entrée de Tartuffe suscite la curiosité du spectateur et met virtuellement en valeur le personnage, avant que d'autres facteurs interviennent pour le disqualifier. Les didascalies contribuent également à valoriser ou dévaloriser un rôle. À propos du même Tartuffe, par exemple, Molière indique dans une didascalie que « c'est un scélérat qui parle », invitant à prendre une distance critique avec lui.

Les *facteurs dramaturgiques* visent eux aussi à réduire la distance esthétique du spectateur. Considérant que plus on entre dans la vie intérieure d'un personnage, plus on est en mesure d'adopter sa perspective, les auteurs introduisent dans le discours de leurs héros des confidences et des aveux. Apartés, monologues, scènes de confession : autant de processus de *focalisation interne* qui permettent de révéler les mobiles ou les arrière-pensées des personnages et introduisent le spectateur dans le secret de leur « âme ». La longue scène 3 de l'acte III de *Lorenzaccio* durant laquelle le personnage éponyme dévoile son « secret » à Philippe Strozzi modifie le point de vue du spectateur et fait bifurquer la trajectoire de la pièce. De la créature veule, avec laquelle le spectateur avait pris une distance extrême, on passe à un personnage beaucoup plus complexe qui, dans le désespoir qu'il exprime lucidement, suscite une sympathie faite de pitié et d'admiration mélangées. La focalisation interne ne garantit pas cependant une identification immédiate du spectateur : les longs monologues de *L'École des femmes* par lesquels Arnolphe explique ses déchirements ne le rapprochent pas davantage de nous, pas plus que les confidences du traître de mélodrame ne le rendent pour autant sympathique.

Les *facteurs cognitifs* reposent sur la connivence qui s'instaure entre le personnage et le spectateur : lorsque ce dernier partage un même savoir ou un même jugement avec le personnage, lorsqu'il comprend la situation en même temps que lui, la complicité qui les réunit diminue la distance esthétique ; en revanche, quand le personnage s'enferme dans l'erreur ou comprend moins vite que le spectateur, il rend plus difficile l'identification. Au début du *Mariage de Figaro*, alors que Figaro se montre peu perspicace, Suzanne, elle, a tout de suite compris pourquoi le Comte a attribué au jeune couple « la chambre du château la plus commode », et elle la refuse. La vivacité d'esprit de la jeune femme lui attire immédiatement la sympathie, alors que la crédulité de Figaro fait surgir une certaine réserve à son égard : « Que les gens d'esprit sont bêtes » déplore Suzanne, qui exprime tout haut ce que le spectateur ne manque pas de penser en lui-même,

Les *facteurs rationnels* mettent en jeu la cohérence interne des personnages. Que le héros mette ses actes en accord avec ses idées, il bénéficie aussitôt d'une plus grande sympathie. Que le héros se comporte au contraire en contradiction avec ce qu'il profère, la distance entre le spectateur et lui augmente immédiatement. R. Planchon a bien mis en évidence comment, dans *Bérénice*, Titus ne cesse effectivement d'agir en contradiction avec les protestations d'amour qu'il multiplie. Le spectateur se sent plus proche de Bérénice que de son inconséquent amant.

Les *facteurs affectifs* enfin, comme les affinités idéologiques, relèvent du domaine de la valeur et sont purement subjectifs. Selon que le spectateur approuve ou désapprouve tel choix moral, telle idéologie ou tel comportement, il se sent enclin à porter davantage sa sympathie vers tel ou tel personnage et à épouser son point de vue. Sensible à la sincérité d'Alceste et partageant son dégoût de l'hypocrisie sociale, Jean-Jacques Rousseau oublie les incohérences du personnage pour ne retenir que les affinités qui l'en rapprochent. D'une manière générale, les réactions du spectateur varient selon l'appartenance sociale, les convictions politiques et les habitudes culturelles de celui-ci.

• La dynamique des points de vue

Tous ces facteurs qui influencent à son insu le point de vue du spectateur montrent que le genre dramatique est loin de rester impartial et ne se contente pas de représenter une action de façon objective. L'auteur intervient sans cesse pour manipuler les préférences du public. La perspective dramatique est toutefois particulière : un point de vue au théâtre n'est jamais statique et évolue en permanence durant le déroulement d'une pièce. La distance croissante ou décroissante que le spectateur prend avec un personnage obéit à une inévitable dynamique. Des conflits peuvent intervenir entre facteurs cognitifs et facteurs dramaturgiques, le spectateur oscille entre la solidarité affective et la réprobation morale, il passe de la focalisation interne au rejet intellectuel. Coups de théâtre et revirements font partie du langage dramatique. Enfin, cette dynamique augmente encore du fait que tout point de vue est susceptible d'interactions qui le modifient profondément à partir du moment où le texte est porté à la scène.

Même si le théâtre ne dispose pas des ressources qu'offre le champ de vision de la caméra au cinéma, le metteur en scène favorise l'angle de vision du spectateur et, par la mise en espace, met scéniquement en évidence la prééminence d'un personnage sur un autre. R. Barthes constate que « le théâtre est bien en effet cette pratique qui calcule la place regardée des choses : si je mets le spectacle ici, le spectateur verra cela ; si je le mets ailleurs, il ne verra pas ». Cette mise en perspective peut être le résultat d'un travail dramaturgique soigneusement balisé par l'auteur. Elle peut aussi s'inscrire dans un rapport conflictuel avec le texte, qui découle de l'incarnation théâtrale. La présence du comédien, la couleur qu'il apporte à son personnage, les choix qu'il fait intervenir dans sa fabrication, constituent autant de potentialités qui s'ajoutent à l'indétermination inévitable de la partition. Même si elle n'est que le résultat d'une lecture forcément réductrice de la pièce, la séduction pasolinienne qu'un Gérard Depardieu donne à l'interprétation de son Tartuffe apporte un point de vue supplémentaire sur le personnage et relativise l'approche du lecteur/spectateur.

4.3 La crise du personnage dans le théâtre contemporain

La dramaturgie contemporaine revendique la mort du personnage. Le refus de la *mimesis* auquel on assiste depuis une cinquantaine d'années a abouti à une remise en cause radicale de son statut. Certains auteurs refusent de prendre en considération la notion même de personnage. Ainsi, Rodrigo Garcia précise dans ses indications liminaires à *Notes de cuisine* :

> Décrire un espace, créer des personnages, remplir le texte d'indications scéniques : à ne jamais faire. Ici, les noms qui précèdent chaque phrase sont

ceux des comédiens pour lesquels je suis en train de travailler, auxquels je pense lorsque j'écris le texte. Il ne s'agit donc pas de personnages mais de personnes.

Rodrigo Garcia, *Notes de cuisine*.

Sans aller jusqu'à cette négation radicale, la réduction du personnage à l'état de marionnette avait été inaugurée par Jarry. *Ubu roi* avait déjà commencé à le dépouiller de son identité. Réduit à n'être, selon son Jarry, qu'une « abstraction qui marche », le personnage devient un pantin vide de toute intériorité virtuelle, une pulsion animée dans un espace et une durée indéterminés. L'irréalisme psychologique de ces marionnettes que sont Père Ubu ou Mère Ubu donne à leurs actions une gratuité qui souligne l'arbitraire du pouvoir politique.

Avec le théâtre de l'absurde des années cinquante, le personnage se désarticule encore davantage : dans *La Cantatrice chauve*, il perd son identité (la bonne Mary prétend s'appeler en réalité Sherlock Holmes) ; il échappe à toute individualisation (la famille des Bobby Watson se réduit à un signifiant exclusif) ; il devient enfin interchangeable (au dénouement, le couple Martin se substitue aux Smith). Chez Beckett, quand il offre un semblant de réalité, il se réduit à un buste de femme enlisé dans le sable (*Oh, les beaux jours*), à une tête émergeant d'une jarre (*Comédie*), à une bouche édentée suspendue à trois mètres du sol (*Cette Fois*).

Le personnage actuel continue de s'affaiblir. Il a perdu encore davantage de ses caractéristiques individuelles. De même que Musil parlait de « l'homme sans qualité », J. P. Sarrazac n'hésite pas à le qualifier de personnage *sans caractère*, d'« impersonnage ». Son identité tend à disparaître totalement. Il est parfois réduit à n'être qu'une simple silhouette : «le petit homme en noir qui est gros, la vieille qui est trop maquillée » (Minyana), ce qui lui confère une sorte d'existence fragmentaire et instantanée qui se limite à sa fugitive apparition scénique. Il a souvent perdu son nom. Il se réduit à un numéro (*Pour un oui pour un non* de N. Sarraute), à une initiale (*Le Shaga* de M. Duras), parfois à une vague fonction : le client, le dealer (*Dans la solitude des champs de coton* de Koltès), ou à un simple état de fait : le mutilé (*La Grande et la Petite Manœuvre* d'Adamov). En adoptant ce mode de désignation qui transforme les locuteurs en êtres anonymes et les réduit à l'état de numéros « matricules », les auteurs privent les personnages de toute singularité ; ils en font les vecteurs d'un système langagier, les parties sans individualité d'un ensemble qui ôte toute fonction significative à la parole. Chacun parle pour tenir en quelque sorte sa partition musicale, selon l'espace sonore et le rythme déployé. Et la tentation chorale de certains textes (*Les Amants du métro*, de Tardieu, *Le Chant du dire-dire*, de D. Danis, *J'étais dans ma maison et j'attendais que la pluie vienne* de J.-L. Lagarce) exprime cette dépersonnalisation de l'individu dans un monde privé de repères.

Les auteurs suggèrent ainsi la déshumanisation d'une société dans laquelle l'individu est de plus en plus aliéné. Certains textes n'indiquent même pas la répartition des répliques qu'ils proposent, laissant à l'arbitraire du metteur en scène et des comédiens le soin de déterminer le nombre et l'identité des énonciateurs d'un incertain dialogue (*Outrage au public*).

Parfois aussi le personnage se scinde en plusieurs entités. La représentation le montre simultanément à plusieurs moments de son existence, à des âges différents. Ainsi, dans *Amédée*, Ionesco confronte le couple Amédée/Madeleine à l'apparition de leurs doubles dans la jeunesse de leur première rencontre.

Le personnage contemporain « n'en finit pas de vivre son dernier quart d'heure » (R. Abirached). « Être de jeu pris dans un univers de langue » selon la formule de J.-P. Ryngaert, il a tendance désormais à se confondre avec le défilement d'une inextinguible logorrhée sans destinataire. Le théâtre de Valère Novarina tend vers un pur jaillissement verbal qui résonne dans un lieu d'où l'homme s'est absenté (*Le Discours aux animaux*). Bon nombre de dramaturges actuels se préoccupent davantage de restituer les pratiques langagières d'êtres dépossédés d'eux-mêmes que de rendre compte d'un univers où la dépersonnalisation règne – et dont l'individu est exclu.

Il n'est pas certain pour autant que le théâtre puisse évacuer définitivement cette entité constitutive qu'est le personnage. Car la seule économie que ne pourra jamais réaliser le théâtre – s'inspirât-il, comme chez Grotowski, d'une éthique rigoureuse de la pauvreté – c'est précisément celle du comédien, qui prêtera toujours un corps à ce fantôme en quête de reconnaissance :

> Quand un personnage est né, il acquiert aussitôt une telle indépendance, même vis-à-vis de son auteur, que tout le monde peut l'imaginer dans d'autres situations où son auteur n'a pas songé à le mettre, et qu'il peut, parfois, acquérir une signification que son auteur n'a jamais songé à lui donner.
>
> L. Pirandello, *Six personnages en quête d'auteur*.

Il s'avère toutefois que l'accès au personnage incarné « ne passe plus nécessairement par l'analyse psychologique ou actantielle » (P. Pavis). Dans le théâtre actuel, qui accorde au discours une importance accrue, c'est par la reconnaissance du timbre de la voix, de la diction, du rythme vocal de l'interprète qu'opèrent la séduction et l'efficacité des figures présentes sur scène, exigeant du spectateur un effort de reconstitution de la réalité ainsi projetée. Comme le note P. Pavis : « Malgré la prépondérance de la textualité […] a catégorie du personnage ne s'est pas trouvée complètement dissoute ».

6
Le discours théâtral

L'analyse du texte théâtrale ne saurait se réduire aux diverses considérations dramaturgiques précédemment évoquées. Elle demande aussi au lecteur de « s'immerger dans la textualité, dans la matière et la musique du texte, c'est-à-dire de faire l'expérience concrète, sensible et sensuelle de sa matérialité » (P . Pavis). Savoir entendre la sonorité d'une réplique, en reconnaître le rythme, percevoir les procédés stylistiques mis en œuvre est indispensable pour comprendre « comment ça parle ». Il est clair que les procédés d'approche de toute œuvre littéraire sont alors requis pour pénétrer dans la textualité du texte dramatique.

1. Les formes du discours

Le discours théâtral, on l'a vu, est sous-tendu par une double énonciation : à travers les propos des personnages se fait entendre le discours de l'auteur qui, par leur intermédiaire, s'adresse à un destinataire caché mais toujours présupposé, le spectateur. De ce fait, il enfreint les lois du discours définies par H.P. Grice : principes généraux de coopération. de pertinence et de sincérité (parler, c'est se prétendre sincère, adhérer à ce que l'on dit et pouvoir s'en porter garant), principes plus spécifiques d'informativité (ne pas parler pour ne rien dire), d'exhaustivité (fournir l'information pertinente maximale) et de modalité (être clair et économe dans ses formulations). Les mensonges de Dorante dans *Le Menteur* de Corneille. la dissimulation qui émane des propos de Tartuffe, la rétention d'informations si fréquente chez Marivaux (*La Double inconstance*), l'incohérence (la tirade de Lucky dans *En attendant Godot*), la logorrhée (dans la plupart des pièces de Thomas Bernhard) : autant de modes de fonctionnement qui transgressent les lois du discours, mais qui du coup placent le spectateur dans une situation privilégiée par rapport aux personnages et produisent ce qu'on appelle des effets d'ironie dramatique. Les effets comiques résultent souvent de ces dérogations aux lois ordinaires de la bonne communication.

Le discours théâtral se présente le plus souvent sous la forme d'un dialogue, c'est-à-dire d'un échange verbal entre des personnages. Il peut parfois aussi se réduire à un monologue ou à un soliloque.

1.1 Le monologue

Seul en scène, un personnage soliloque ou s'adresse directement au public. Cette convention du *monologue* intervient durant le cours de l'action dramatique que, du même coup, elle suspend. Elle a souvent été considérée comme profondément anti-dramatique, à cause de son statisme et de son invraisemblance. Elle permet à l'auteur d'éclairer les enjeux d'une situation, dévoilant les motivations du personnage et favorisant la focalisation interne. Sous l'artifice d'une parole dite à haute voix, mais que personne n'est supposé entendre, le dramaturge exprime les conflits qui partagent le personnage et le font hésiter : lorsque Hamlet hésite encore à passer à l'action, son fameux monologue, *to be, or not to be, that is the question*, exprime le dilemme qu'il doit résoudre. Même s'il est l'expression lyrique d'un trouble ou d'une tension interne à un moment paroxystique, le discours du personnage s'adresse en réalité au spectateur et lui apporte des éléments d'appréciation sur l'action dramatique.

La convention du monologue est parfois soulignée par un procédé formel. Ainsi les *stances* se présentent comme un moment lyrique dont la structure poétique, d'une grande précision formelle, souligne le caractère artificiel. Celles de Rodrigue constituent un moment de suspension de l'action où, seul et confronté à une cruelle alternative, le héros fait entendre dans une forme très codée les motivations contraires qui l'agitent.

Le monologue peut parfois devenir système dramaturgique. La pièce entière se réduit alors à un ressassement où la dynamique du discours s'englue dans l'impossibilité du personnage de communiquer avec autrui, comme Woyzeck dans la pièce éponyme de Büchner. Dans ce cas, on parle de *soliloque*, qui « enferme le personnage dans la subjectivité d'un vécu sans transcendance ni communication » (G. Genette). Livré à lui-même, le personnage produit une parole désarticulée, fragmentaire et convulsive qui révèle son trouble intérieur et ses angoisses. Pour des raisons qui ne tiennent pas seulement à l'économie du spectacle vivant, le théâtre actuel fait une grande utilisation de ce type d'écriture (Y. Reynaud, P. Minyana, V. Novarina).

Même seul, le personnage s'adresse pourtant toujours à quelqu'un. Dans certains faux monologues, la parole solitaire n'est qu'un artifice théâtral qui fait l'économie d'un allocutaire : dans *La Voix humaine* de Cocteau, l'héroïne dialogue au téléphone avec un partenaire qu'on ne voit jamais ; dans *La Dernière Bande* de Beckett, Krapp parle à un magnétophone qui tient lieu d'interlocuteur. Dans *Les Apparences sont trompeuses* de Th. Bernhard, Karl, le vieux saltimbanque s'adresse à un canari.

D'une façon générale, le monologue demeure une forme particulière du dialogue. Son dialogisme prend divers aspects. Le personnage invoque par exemple une instance absente : ce peut être sous la forme d'une prière :

Je vous en supplie, Mon Dieu, ne faites pas de moi un meurtrier ! Vous voyez ce qui se passe ; nous sommes deux enfants insensés, et nous avons joué avec la vie et la mort ; mais notre cœur est pur.

A. de Musset, On ne badine pas avec l'amour, III, VIII.

Il peut également s'agir d'une adresse à un personnage mort ou disparu :

Oui, c'est moi, cher amant qui t'arrache la vie
Roxane ou le Sultan ne te l'ont point ravie.
Moi seule j'ai tissé le lien malheureux
Dont tu viens d'éprouver les détestables nœuds.

Racine, Bajazet, V, XII.

Ce peut être une invective lancée à une incertaine divinité :

Ah ! Bourreau de destin, vous en aurez menti,
De l'objet qu'on poursuit je suis encor nanti ;
Si son cœur m'est volé par ce blondin funeste,
J'empêcherai du moins qu'on s'empare du reste.

Molière, L'École des femmes, IV, VII.

Le personnage peut aussi se parler à lui-même :

Rentre en toi-même, Octave, et cesse de te plaindre
Quoi, tu veux qu'on t'épargne et n'as rien épargné !
Songe aux fleuves de sang où ton bras s'est baigné
De combien ont rougi les champs de Macédoine,
Combien en a versé la défaite d'Antoine.

Corneille, Cinna, IV, II.

Tantôt, le procédé suggère un dédoublement de personnalité :

De quel tigre a rêvé ma mère enceinte de moi ? Quand je pense que j'ai aimé les fleurs, les prairies et les sonnets de Pétrarque, le spectre de ma jeunesse se lève devant moi en frissonnant.

A. de Musset, Lorenzaccio, IV, III.

Tantôt, il révèle une scission du moi qui tourne au délire. Harpagon au plus fort de l'émotion se « prend lui-même le bras » :

Ah ! C'est moi. Mon esprit est troublé, et j'ignore où je suis, qui je suis, et ce que je fais.

Molière, L'Avare, IV, VII.

Tantôt encore, il fait surgir la projection d'un partenaire absent (monologue de Sosie dans *Amphitryon* de Molière). Il est donc important de préciser quel est à chaque fois le destinataire effectif de la parole.

Dans *Verticale de fureur* de Stéphanie Marchais, le protagoniste, Milan Brazov, ancien bourreau nazi, parle seul devant la tombe d'une victime juive qui, évidemment, ne peut lui répondre. Le silence de ce destinataire définitivement absent rend plus insupportables encore les piètres justifications sur son passé qu'il tente de donner, dévoilant l'ignominie de toutes ses protestations de regret qui se réduisent ainsi à une sinistre gesticulation clownesque.

Le monologue peut enfin s'adresser de façon ostensible à un public témoin présent/absent de la solitude du personnage (*lamento* du jardinier d'*Électre* chez Giraudoux). De nombreux textes contemporains se présentent ainsi comme de longs soliloques interpellant le spectateur sans pour autant jamais lui parler directement : dans *La Nuit juste avant les forêts* de Koltès, par un jeu d'adresses grammatical très ambigu, passant du *tu* au *on* sans qu'on sache si le personnage est seul face à lui-même ou confronté à quelqu'un qui l'écoute, l'énonciateur interpelle le public comme si ce dernier était à la fois un et multiple, présent et absent. Désormais, comme le note Bernard Dort, devant la multiplication des soliloques dans l'écriture contemporaine, c'est le spectateur qui se trouve « en dialogue ».

1.2 Le dialogue

Le dialogue de théâtre est un échange verbal entre deux personnages. Il se présente comme une conversation obéissant aux mêmes lois que dans la vie. Quand la réciprocité entre les énoncés n'est pas nettement définie, en particulier dans les longues tirades du théâtre classique, qui s'apparentent souvent à des monologues, il est délicat d'en déterminer les contours. « Quand une situation exige un dialogue, fait remarquer Koltès, il est la confrontation de deux monologues qui cherchent à cohabiter. »

• *Le faux dialogue*

Même quand deux personnages semblent se parler, il peut s'agir d'un faux dialogue, si ceux-ci ne se livrent pas à un véritable échange. C'est le cas de certains dialogues de tragédie, dans lequel le héros parle à un confident qui n'est là que pour l'écouter et relancer le discours sans apporter le moindre point de vue personnel. On sait que l'usage du confident s'est imposé dans la dramaturgie classique pour éviter précisément l'emploi des monologues.

C'est souvent aussi un procédé de comédie, s'apparentant au dialogue de sourds, qui crée un dysfonctionnement plaisant et significatif. Dans l'exemple qui suit, les répliques semblent se répondre, alors que l'un des deux personnages, totalement enfermé dans ses préoccupations, ignore jusqu'à la présence de son interlocuteur :

> ARNOLPHE (*sans le voir*). — Comment faire ?
> LE NOTAIRE. — Il le faut dans la forme ordinaire.
> ARNOLPHE (*sans le voir*). — *À mes précautions je veux songer de près.*
> LE NOTAIRE. — Je ne passerai rien contre vos intérêts.
> ARNOLPHE (*sans le voir*). — Il se faut garantir de toutes les surprises.
> LE NOTAIRE. — Suffit qu'entre mes mains vos affaires soient mises.

Molière, L'École des femmes, IV, II.

• *Le duo*

L'échange peut prendre la forme d'un duo, souvent lyrique, dans lequel deux personnages chantent symétriquement leur amour ou leur douleur. Jouant avec les échos qui soulignent l'identité des sentiments vécus, le duo d'amour se caractérise par l'équilibre d'un dialogue alterné dans lequel se multiplient les répétitions thématiques :

> RODRIGUE. — O miracle d'amour !
> CHIMENE. — O comble de misères !
> RODRIGUE. — Que de maux et de pleurs nous coûteront nos pères !
> CHIMENE. — Rodrigue qui l'eût cru ?
> RODRIGUE. — Chimène qui l'eût dit ?
> CHIMENE. — Que notre heur fût si proche et sitôt se perdît ?
> RODRIGUE. — Et que si près du port, contre toute espérance
> Un orage si prompt brisât notre espérance ?
> CHIMENE. — Ah ! Mortelles douleurs !
> RODRIGUE. — Ah ! Regrets superflus !

Corneille, Le Cid, III, IV.

Dans *Art*, Yasmina Reza inaugure une progression des dialogues qui s'apparente à une composition musicale : découpée en unités, qui déterminent le nombre de personnages en scène, le lieu et le moment où ils parlent, la pièce confronte trois attitudes face à l'art et à la vie, incarnées ou plutôt exprimées par trois personnages (Marc, Serge et Yvan). Dans la seconde séquence, par exemple, un monologue (Marc) est suivi d'un duo (Marc/Yvan), auquel succèdent un autre duo (Serge/Yvan), puis un troisième duo (Yvan/Marc) avant que trois monologues de chacun des protagonistes achèvent la séquence. La structuration dramatique fait donc alterner des paroles individuelles – dans ces monologues où le personnage précise (pour le public et pour lui-même) sa pensée secrète – et des duos qui mettent en tension à travers des échanges très vifs trois points de vue anti-thétiques. L'élégance du procédé met en évidence la complexité de la réflexion provoquée par l'art contemporain et ses incidences sur la vie.

• *La conversation*

Dans le dialogue théâtral, les réparties s'organisent selon des séquences corres-pondant à des tours de paroles. Elles s'enchaînent logiquement pour former des échanges conformatifs (c'est-à-dire introductifs et conclusifs) qui encadrent des échanges transactionnels dans lesquels interviennent des rapports d'idées et d'ac-tions. L'échange des répliques constitue la plupart du temps un ensemble équi-libré, chaque personnage intervenant tour à tour selon un enchaînement qui tente de reproduire la vivacité et parfois la familiarité d'une conversation :

> LE COMTE. — Eh bien, cet emploi ?
> FIGARO. — Le ministre, ayant égard à la recommandation de votre Excellence, me fit nommer sur le champ garçon apothicaire.
> LE COMTE. — Dans les hôpitaux de l'armée ?
> FIGARO. — Non ; dans les haras d'Andalousie.
> LE COMTE, *riant.* — Beau début !
> FIGARO. — Le poste n'était pas mauvais, parce qu'ayant le district des panse-ments et des drogues, je vendais souvent aux hommes de bonnes médecines de cheval.
> LE COMTE. — Qui tuaient les sujets du roi !
>
> Beaumarchais, *Le Barbier de Séville*, I, III.

Lorsque l'échange se fait plus agressif, il devient particulièrement rapide. On parle alors de *stichomythie*, pour désigner un dialogue composé de répliques très brèves (vers à vers, ou même hémistiche à hémistiche), qui prend souvent la forme d'un affrontement verbal exprimant la contradiction des points de vue et marquant l'émergence dans la structure discursive de facteurs émotionnels, tel cet échange, dans *Le Cid*, qui anticipe la véritable passe d'armes :

> LE COMTE. — Retire-toi d'ici.
> RODRIGUE. — Marchons sans discourir.
> LE COMTE. — Es-tu si las de vivre ?
> RODRIGUE. — As-tu peur de mourir ?
>
> Corneille, *Le Cid*, II, II.

Quand un déséquilibre s'installe dans l'échange, parce qu'un personnage se lance dans de longues répliques, on a affaire à des tirades. Interminables et quasi autonomes, celles-ci sont souvent utilisées dans le théâtre classique pour offrir le récit des événements auxquels le partenaire (et/ou le spectateur) n'a pas assisté :

> Une des règles du théâtre est de ne mettre en récit que les choses qui ne se peuvent passer en actions.

Racine, préface de Britannicus.

Très fréquentes dans les scènes initiales pour apporter des explications indispensables à la compréhension de la situation (la scène I de *Rodogune* de Corneille se réduit seulement à trois tirades relatant les faits antérieurs), elles interviennent aussi dans le cours de la pièce pour offrir le récit de ce que les bienséances n'ont pas permis de montrer sur scène (récit de Théramène dans *Phèdre*, bataille contre les Mores du *Cid*).

Les tirades peuvent également prendre la forme de brillants plaidoyers lorsque l'échange se transforme en affrontement de points de vue (argumentations successives de Valère, d'Horace, de Sabine et du vieil Horace au cinquième acte d'*Horace*, considérations de Marianne à propos de la condition des femmes dans *Les Caprices de Marianne*).

• *Polylogue*

Si plusieurs personnages participent à l'échange, la structure devient complexe et offre diverses combinaisons. On parle alors de *polylogue*. Le polylogue peut prendre la forme d'un trio (*Les Eaux et forêts* de Marguerite Duras), d'un quatuor (*Les Voisins* de M. Vinaver), d'un sextuor (la grande scène des marquis dans *Le Misanthrope*) ou même d'un véritable ensemble polyphonique (scènes de groupe du *Jules César* de Shakespeare). Les dialogues croisés donnent naissance tantôt à une véritable chorégraphie verbale (Dom Juan pris entre les feux de Charlotte et de Mathurine), tantôt à une pure cacophonie. Tel cet échange de café du Commerce, où Ionesco entrecroise deux conversations simultanées et absurdes :

> LE LOGICIEN, *au vieux monsieur*. — Revenons à nos chats.
>
> LE VIEUX MONSIEUR, *au logicien*. — Je vous écoute.
>
> BERENGER, *à Jean*. — De toute façon, je crois qu'elle a déjà quelqu'un en vue.
>
> JEAN, *à Bérenger*. — Qui donc ?
>
> BERENGER. — Dudard Un collègue de bureau : licencié en droit, juriste, grand avenir dans la maison, de l'avenir dans le cœur de Daisy ; je ne peux pas rivaliser avec lui.
>
> LE LOGICIEN, *au vieux monsieur*. — Le chat Isidore a quatre pattes.
>
> LE VIEUX MONSIEUR. — Comment le savez-vous ?
>
> LE LOGICIEN. — C'est donné par hypothèse.

BERENGER, *à Jean*. — Il est bien vu par le chef. Moi je n'ai pas d'avenir, pas fait d'études, je n'ai aucune chance.

LE VIEUX MONSIEUR. — Ah ! Par hypothèse !

E. Ionesco, Rhinocéros, I.

La multiplicité des voix peut également faire surgir des effets de chœur, qui émanent d'interventions tantôt collectives, par lesquels un groupe commente une situation (c'est le cas du chœur de la tragédie grecque), tantôt diffuses, quand un certain nombre d'individus se répondent en écho :

UNE VOIX. — À des temps meilleurs.

UNE AUTRE. — À des temps meilleurs.

UN BANNI. — Adieu Florence, peste de l'Italie ; adieu mère stérile, qui n'a plus de lait pour tes enfants.

UN AUTRE BANNI. — Adieu, Florence la bâtarde, spectre hideux de l'antique Florence ; adieu fange sans nom.

TOUS LES BANNIS. — Adieu Florence ! Maudites soient les mamelles de tes femmes ! Maudits soient tes sanglots ! Maudites les prières de tes églises, le pain de tes blés, l'air de tes rues ! Malédiction sur la dernière goutte de ton sang corrompu !

A. de Musset, Lorenzaccio, I, VI.

Certains dialogues enfin sont tressés de façon très complexe. Dans ce texte de Michel Vinaver, la parole parvient en éclats, dont toute logique semble exclue :

CHARLES. — J'ai ajouté une cuillerée de crème fraîche

NINA. — Mais dites donc j'en reviens pas

SEBASTIEN. — C'est que Charles pour la première fois il est reconnu à sa juste valeur

CHARLES. — Dans ce salon l'ouvrier peut se donner à fond c'est la Nouvelle Coiffure sans les gadgets on peut inventer des choses et le temps ne compte pas tu peux rester sur une cliente une demi-journée si c'est justifié

SEBASTIEN. — Pour le dessert des dattes

CHARLES. — Un colis qui vient d'arriver

SEBASTIEN. — Les Tchécoslovaques c'est un peuple très fin très intelligent eux aussi ils se sont fait piétiner

CHARLES. — Comme chaque année de Tunisie

M. Vinaver, Nina, c'est autre chose.

L'enchevêtrement des répliques qui se croisent sans se répondre peut donner une impression d'obscurité. L'énonciation prend alors le pas sur toutes les autres considérations. Seuls les frottements et les tensions internes du dialogue importent. L'auteur s'en explique :

> Le flot du quotidien charrie des matériaux discontinus, informes, indifférents, sans cause ni effet. L'acte d'écriture ne consiste pas à y mettre de l'ordre, mais à les combiner, tels, bruts, par le moyen de croisements qui eux-mêmes se chevauchent. C'est l'entrelacs qui permet aux matériaux de se séparer pour se rencontrer, qui introduit des intervalles, des espacements. Peu à peu, tout se met à clignoter.
>
> M. Vinaver, *Écrits sur le théâtre*.

Produisant un effet de puzzle et d'étrangeté, cette écriture chaotique exige du metteur en scène puis spectateur une remise en ordre, leur laissant l'initiative de donner un sens unificateur à ce type de polylogue.

2. La pragmatique du discours théâtral

On entend par là l'étude des mécanismes du dialogue et des jeux de langage dont usent les personnages qui, par la parole, tentent d'agir réciproquement les uns sur les autres.

2.1 Le fonctionnement du dialogue

Le langage dramatique est *performatif*. Il n'intervient pas seulement pour communiquer une information ou un savoir, mais il s'accompagne d'une volonté d'action particulière. Au théâtre, un personnage parle pour faire faire quelque chose à quelqu'un. Le dialogue cependant n'est pas uniquement constitué d'une série d'énoncés alternés aux contenus explicites. Il est soumis à une forte charge d'*implicite* qu'il est important de mettre en évidence. La recherche de l'implicite est au cœur de la lecture du texte théâtral. C'est d'elle que va se nourrir le travail du comédien et du metteur en scène. Au lieu d'en supprimer les ambiguïtés, elle prolonge chaque énoncé en suggérant d'autres manières inattendues de l'entendre et permet par conséquent d'ouvrir le sens de l'œuvre.

• *Les conditions d'énonciation*

L'étude du dialogue théâtral doit d'abord tenir compte des conditions d'énonciation dans lesquelles celui-ci est produit. Tout échange de paroles entre deux interlocuteurs suppose un rapport particulier, qui donne à leur dialogue sa couleur, sa saveur et sa signification.

Les paroles interviennent dans un cadre à la fois social et relationnel. Que Don Salluste, au premier vers de *Ruy Blas*, dise : « Ruy Blas, fermez la porte, ouvrez cette fenêtre », le rapport de maître à serviteur qui lie les deux personnages transparaît immédiatement à travers l'usage de l'impératif. Derrière la brièveté des mots, c'est la relation de pouvoir existant entre les protagonistes qui donne son entière signification à la phrase. Écoutons de même cet échange entre Dom Juan et Sganarelle :

> DOM JUAN. — Et ne trouves-tu pas, dis-moi, que j'ai raison d'en user de la sorte ?
> SGANARELLE. — Eh ! Monsieur.
> DOM JUAN. — Quoi ? Parle.
> SGANARELLE. — Assurément que vous avez raison, si vous le voulez ; on ne peut pas aller là contre. Mais si vous ne le vouliez pas, ce serait peut-être une autre affaire.
> DOM JUAN. — Eh bien ! Je te donne la liberté de parler et de me dire tes sentiments.
> SGANARELLE. — En ce cas, Monsieur, je vous dirai franchement que je n'approuve point votre méthode, et que je trouve fort vilain d'aimer de tous côtés comme vous faites.
>
> Molière, *Dom Juan*, I, II.

Les rapports sociaux qui opposent Sganarelle à Dom Juan conditionnent non seulement leur façon de se parler mais leur discours tout entier : la familiarité du maître contraste avec l'obséquiosité du serviteur, qui ponctue de « Monsieur » la moindre de ses affirmations. On constate que l'un tutoie l'autre, mais sans réciprocité. Sganarelle demeure dans une dépendance servile qui l'oblige à accepter ce qu'il condamne, et il doit demander l'autorisation d'exprimer franchement sa pensée. Les conditions d'énonciation déterminent non seulement la forme mais le contenu du propos.

Le contexte dramatique est également déterminant dans l'élaboration du sens. Sortie de la situation où elle intervient, la belle litote de Chimène : « Va, je ne te hais point », n'a plus guère de sens. C'est parce que cette réplique intervient après la mort du Comte, quand Rodrigue invite la jeune femme à réclamer vengeance, qu'elle acquiert sa dimension tragique. De même, les paroles d'Elmire, affirmant à Tartuffe que « l'on a des secrets à [lui] révéler » au quatrième acte de *Tartuffe*, prennent leur portée véritable si l'on se rappelle la présence sous la table d'Orgon, destinataire caché de ces propos ambigus.

• *Les présupposés*

Dans l'analyse du texte théâtral, comme pour toute conversation, il est néces-saire de prendre en compte les *présupposés* et les *sous-entendus* qui sous-tendent le dialogue et dépendent soit de l'énonciation, soit de l'énoncé. Les présupposés reposent tantôt sur la définition précise des rapports de force existant entre les personnages dans la situation d échange (s'adressant à Tartuffe, Elmire sait qu'Orgon est caché sous la table), tantôt sur la connaissance des enjeux idéo-logiques qui sont présents dans le discours sans qu'il en soit jamais vraiment question. Relisons la fameuse « scène du pauvre » dans *Dom Juan* (III, 2) : Dom Juan croise un pauvre et lui demande son chemin. Les codes de l'époque impli-quent qu'on donne une aumône à un pauvre qui rend service. Tout le dialogue repose sur ce présupposé qu'avec désinvolture Dom Juan feint d'abord d'ignorer, en établissant seulement une relation de cause entre l'obligeance du pauvre et sa demande d'aumône (« Ah ! Ah ! Ton avis est intéressé, à ce que je vois »). Pour tourner en dérision les normes de la société et s'affranchir de ses propres obliga-tions, comme à son habitude, Dom Juan renvoie son interlocuteur à ses devoirs afin de lui faire oublier qu'il a des droits. Ne pas tenir compte de ce présupposé idéologique, c'est risquer de décaler la portée de ce dialogue.

Le théâtre de Ionesco joue avec brio des présupposés en soulignant leur inanité. Quand, dans *La Cantatrice chauve*, Mme Smith prétend : « L'expérience nous apprend que lorsqu'on entend sonner à la porte, c'est qu'il n'y a jamais personne », l'auteur tire un effet comique de l'inversion d'un présupposé factuel, inversion aussi absurde que l'affirmation de M. Martin qui dit pouvoir « prouver que le progrès social est bien meilleur avec du sucre ». Le dérèglement systéma-tique du langage sur lequel tourne toute la pièce repose sur cette implication.

• *Les sous-entendus*

Les sous-entendus participent d'une autre catégorie. Découlant des rapports entre l'énoncé et le contexte, ils peuvent être conversationnels ou linguistiques. Dans le premier cas, à partir des lois du discours et de la situation, un personnage déduit le sens second de ce qu'il a entendu : dans *Le Misanthrope*, Oronte comprend qu'Alceste, bien qu'il s'en défende (« Je ne dis pas cela »), condamne son sonnet. Il décrypte parfaitement ce qu'Alceste n'a pas énoncé.

Dans le second cas, les sous-entendus renvoient à ce qui n'est pas énoncé de manière directe par le discours du personnage. Ils jouent sur une connivence qui n'est pas toujours perceptible par tous. Dans *Iphigénie* de Racine, lorsque Agamemnon répond : « Vous y serez, ma fille », à Iphigénie, qui lui demande s'il lui sera possible d'être à l'autel pour le sacrifice qu'il a ordonné, le sous-entendu n'est pas reçu de la même manière si l'on connaît ou non la réalité de ce qui doit s'accomplir. En tout cas, le public, autre destinataire de l'énoncé, perçoit l'ironie tragique du sous-entendu paternel que son destinataire immédiat, Iphigénie, ne peut saisir.

• *Le dit et le non-dit*

Le discours d'un personnage ne dit pas tout. Il évite ainsi de nommer ce qui est évident à l'interlocuteur. Ne sont livrés que les éléments qui semblent pertinents dans l'échange. La prise en compte des non-dits du texte peut faire surgir de surprenantes interrogations. Lorsque Hélène, dans *Dissident, il va sans dire* de Vinaver (le titre par lui-même possède déjà une forte charge d'implicite), explique à Philippe que son père « a répondu à une annonce et dix-huit ans après il y est encore il y a fait son chemin », il n'est pas nécessaire qu'elle lui rappelle qu'elle a divorcé : son fils le sait. Évitant de parler de la menace de licenciement économique qui pèse sur elle (« bientôt ils vont mécaniser », dira-t-elle un peu plus tard), elle révèle par son silence les priorités de son inquiétude maternelle. À l'adolescent, qui doit lui aussi trouver du travail, elle propose le modèle de la réussite paternelle, taisant ses propres inquiétudes et laissant transparaître une hiérarchie des valeurs qui n'est sans doute pas sans relation, précisément, avec son divorce.

La recherche du non-dit est au cœur de la lecture du texte théâtral. C'est d'elle que va se nourrir le travail du comédien et du metteur en scène. Au lieu d'en supprimer les ambiguïtés de l'implicite, elle prolonge chaque énoncé en suggérant d'autres manières inattendues de l'entendre et permet par conséquent d'ouvrir le sens de l'œuvre.

• *Les silences*

Indispensables au jeu de l'acteur ne serait-ce que pour la respiration, les silences constituent un élément non négligeable du dialogue, au point qu'on a vu surgir dans les années vingt une « dramaturgie du silence » (J.-J. Bernard) se réclamant de « l'art de l'inexprimé ». Dans certaines pièces de Maeterlinck (*L'Intruse, Intérieur*), les silences constituent presque la matière même du théâtre. De même qu'ils sont inclus dans une partition musicale, ils font partie du texte théâtral. Ce sont eux qui permettent d'établir le rythme de l'énonciation et de structurer les ruptures créant la tension dramatique. Tantôt ils sont signifiés (didascalie, point de suspension, indications textuelles), tantôt laissés à l'intuition du comédien et du metteur en scène.

Intervenant à l'intérieur de la phrase ou déterminés par des pantomimes dont Diderot a souligné la nécessité – en lieu et place de ce que le langage a en charge d'exprimer –, les silences sont encore une manière de parler. « Je ne m'explique point, et cela, c'est tout dire », précise Arnolphe dans *L'École des femmes*, tentant de convaincre Agnès des sacrifices qu'il est prêt à consentir. Ce silence, surprenant chez un personnage qui parle sans cesse, est aussi éloquent qu'un long discours. Le théâtre de Tchekhov offre de multiples exemples de silences significatifs qui révèlent la frustration et l'aliénation de personnages meurtris par l'existence. Ce sont eux qui, paradoxalement, donnent sa force dramatique à son théâtre :

> L'action proprement dite se passe dans le silence, et les répliques du dialogue, outre ces tirades-poèmes qui s'en isolent, ne sont faites, comme en musique que pour faire vibrer ce silence.
>
> J.-L. Barrault, *Nouvelles Réflexions sur le théâtre*, Paris, Flammarion, coll.
> « Bibliothèque d'esthétique », 1959.

Tantôt révélateur d'un non-dit qu'on parvient à entendre à travers ce que le personnage refuse de révéler (Strindberg, Tchékhov), tantôt lié à une impossibilité métaphysique à communiquer, comme dans le théâtre de Beckett – qui lui accorde autant d'importance qu'à la parole – le silence est une composante importante du dialogue théâtral qu'il convient de soigneusement apprendre à déchiffrer. Loin de n'être qu'une simple pause dans l'échange des répliques, il apparaît désormais comme un procédé théâtral capable d'ébranler la rhétorique du dialogue.

2.2 Les procédés du dialogue

Pour progresser, le dialogue dramatique utilise les mêmes procédés que ceux de la conversation ordinaire. Des personnages se parlent, plaisantent, tentent de se convaincre ou de se disculper, se brouillent ou se réconcilient. Mais à la différence de ce qui se passe dans la vie courante, l'efficacité du langage théâtral est double. Car si les personnages sont représentés agissant ou tentant d'agir sur les autres par leur propos, c'est bien l'auteur qui organise la parole de ses personnages. Leur discours agit en même temps sur le public, qu'il interpelle, émeut ou divertit. Leurs paroles s'adressent en même temps à leurs interlocuteurs fictifs et à ces auditeurs silencieux que sont les spectateurs, qu'ils feignent pourtant d'ignorer. Cette double finalité qui confère au texte théâtral sa valeur esthétique, repose sur une organisation interne usant d'un certain nombre de procédés repérables.

L'analyse du dialogue théâtral doit donc étudier les mécanismes auxquels celui-ci obéit, repérer la logique souterraine qui le fait progresser, même quand il s'agit d'échanges semblant totalement décousus, et établir les liens de causalité ou de similarité thématique qui unissent les énoncés, fussent-ils très disparates.

• *Les enchaînements*

Le dialogue dramatique est composé de répliques qui s'enchaînent en formant un échange. On désigne par le terme de *bouclage* la façon dont une réplique se relie à la précédente. Cet échange peut être plus ou moins cohérent : une question entraîne une réponse, une attaque suscite une répartie, une affirmation éveille une objection. On parle de *bouclage parfait*, quand « les contenus sémantiques d'une réplique renvoient à tous ceux de la précédente » (M. Vinaver). Dans le dialogue suivant, chaque réplique s'enchaîne à la précédente selon une série de *bouclages parfaits* :

> TRISSOTIN. — Avez-vous vu certain petit sonnet
> Sur la fièvre qui tient la princesse Uranie ?
> VADIUS. — Oui, hier il me fut lu dans une compagnie.
> TRISSOTIN. — Vous en savez l'auteur ?
> VADIUS. — Non ; mais je sais fort bien
> Qu'à ne le point flatter son sonnet ne vaut rien.
>
> Molière, *Les Femmes savantes*, III, III.

Quand une réplique reprend non seulement les mots mais le rythme et la tournure syntaxique de la précédente, on dit qu'il s'agit d'un *bouclage serré* :

> TRISSOTIN. — Pour moi, je ne vois pas ces exemples fameux
> CLITANDRE. — Moi, je les vois si bien qu'ils me crèvent les yeux.
> TRISSOTIN. — J'ai cru jusques ici que c'était l'ignorance
> Qui faisait les grands sots, et non pas la science.
> CLITANDRE. — Vous avez cru fort mal, et je vous suis garant
> Qu'un sot savant est sot plus qu'un sot ignorant.
>
> Molière, *Les Femmes savantes*, IV, III.

Dans cet échange, non seulement chaque réplique apporte une réponse à la précédente, mais par leur inversion et par leur jeu d'écho (« sots » repris quatre fois), les termes pivots (« je ne vois pas »/«je vois », « ignorance »/«ignorant ») donnent un bouclage serré à l'ensemble du dialogue.

Si la réplique bouclante est séparée de celle à laquelle elle renvoie par un ensemble textuel intercalé, on dit qu'il s'agit d'un *bouclage à retardement*. Dans ce passage des *Caprices de Marianne*, le bouclage à la question de Cœlio n'arrive qu'au terme d'une interminable tirade d'Octave :

> CŒLIO. — Et n'est-ce pas un suicide comme un autre que la vie que tu mènes ?
> OCTAVE. — Figure-toi un danseur de corde, en brodequins d'argent, le balancier au poing, suspendu entre le ciel et la terre ; à droite et à gauche, de vieilles

petites figures racornies, de maigres et pâles fantômes, des créanciers agiles, des parents et des courtisanes, toute une légion de monstres se suspendent à son manteau et le tiraillent de tous côtés pour lui faire perdre l'équilibre ; des phrases redondantes, de grands mots enchâssés cavalcadent autour de lui ; une nuée de prédictions sinistres l'aveugle de ses ailes noires. Il continue sa route légère, de l'orient à l'occident. S'il regarde en bas, la tête lui tourne, s'il regarde en haut, le pied lui manque. Il va plus vite que le vent, et toutes les mains tendues autour de lui ne lui feront pas renverser une seule goutte de la coupe joyeuse qu'il porte à la sienne. Voilà ma vie, mon cher ami ; c'est ma fidèle image que tu vois.

A. de Musset, *Les Caprices de Marianne*, I, I.

Enfin si la réplique succède à la précédente sans rapport ni de sens ni de forme, il y a *non-bouclage*. À la longue remontrance de Dom Louis, qui attend des explications, sinon des remords de son fils, Dom Juan répond simplement : « Monsieur, si vous étiez assis, vous en seriez mieux pour parler. » Le *non-bouclage* de l'échange équivaut à une fin de non-recevoir.

• *Les interruptions*

Le dialogue théâtral joue souvent de l'interruption à des fins expressives. Celle-ci est tantôt *volontaire*, tantôt *involontaire*. Elle est involontaire quand un interlocuteur intervient avant que la phrase de celui qui parle soit achevée. Chez celui qui interrompt l'autre, le procédé peut témoigner d'une grande agilité intellectuelle, comme dans ces interruptions où Figaro va au devant de l'attente du Comte :

LE COMTE. — Son caractère ?
FIGARO. — Brutal, avare, amoureux et jaloux à l'excès de sa pupille, qui le hait à la mort.
LE COMTE. — Ainsi ses moyens de plaire sont…
FIGARO. — Nuls.
LE COMTE. — Tant mieux. Sa probité ?
FIGARO. — Tout juste autant qu'il en faut pour n'être point pendu.
LE COMTE. — Tant mieux. Punir un fripon en se rendant heureux
FIGARO. — C'est faire à la fois le bien public et particulier : chef-d'œuvre de morale, en vérité, Monseigneur !

Beaumarchais, *Le Barbier de Séville*, I, IV.

Dans un rapport de tension entre deux personnages, l'interruption peut aussi constituer une manière d'affirmer son pouvoir sur l'autre par une maîtrise plus affirmée du langage. Ainsi, dans *L'École des femmes*, sûr de sa force, Arnolphe interrompt à plusieurs reprises Agnès, laquelle tente de protester :

> AGNES. — Las ! Il est si bien fait ! C'est…
> ARNOLPHE. — Ah ! Que de langage !
> AGNES. — Je n'aurai pas le cœur…
> ARNOLPHE. — Point de bruit davantage.
> Montez là-haut.
> AGNES. — Mais quoi ? Voulez-vous…
> ARNOLPHE. — C'est assez. Je suis maître, je parle : allez, obéissez.
>
> Molière, *L'École des femmes*, II, V.

Mais l'interruption peut aussi intervenir volontairement : un personnage sommé de s'expliquer se tait brusquement, par crainte d'être trop explicite. L'interruption traduit alors une intense lutte intérieure :

> TITUS. — Non, Madame. Jamais puisqu'il faut vous parler,
> Mon cœur de plus de feux ne se sentit brûler,
> Mais…
> BERENICE. — Achevez.
> TITUS. — Hélas !
> BERENICE. — Parlez.
> TITUS. — Rome… L'Empire…
> BERENICE. — Eh bien ?
> TITUS. — Sortons, Paulin, je ne puis lui rien dire.
>
> Racine, *Bérénice*, II, IV.

L'interruption peut également marquer un paroxysme dans l'émotion, qui interdit au personnage d'aller plus loin dans son propos. Ainsi, dans son indignation, Alceste manifeste sa réticence à terminer sa phrase :

> Je me verrai trahir, mettre en pièce, voler,
> Sans que je sois… Morbleu ! Je ne veux point parler
> Tant ce raisonnement est plein d'impertinence.
>
> Molière, *Le Misanthrope*, I, I.

• *Les répétitions*

Les répétitions, qui sont la reprise terme à terme d'un même élément textuel, soulignent par leur systématisme les obsessions monomaniaques des personnages. On sait le parti comique que Molière tire de l'exclamation d'Orgon : « Le pauvre homme ! », qui ponctue de façon répétitive la scène 4 du premier acte de *Tartuffe*. La répétition peut aussi fonctionner comme un véritable jeu d'échos. On en trouve un exemple dans cet échange significatif du *Bourgeois gentilhomme* :

> COVIELLE. — Oui. J'étais grand ami de feu Monsieur votre père.
> MONSIEUR JOURDAIN. — De feu Monsieur mon père !
> COVIELLE. — Oui. C'était un fort honnête gentilhomme.
> MONSIEUR JOURDAIN — Comment dites-vous ?
> COVIELLE. — Je dis que c'était un fort honnête gentilhomme.
> MONSIEUR JOURDAIN. — Mon père !
>
> Molière, *Le Bourgeois gentilhomme*, IV, III.

La récurrence des termes « père » et « gentilhomme » contribue à donner au dialogue un rythme quasi musical, évoquant celui dont M. Jourdain berce ses douces illusions d'élévation sociale. En poète, Tardieu explore lui aussi la musicalité de ces reprises de mots en écho et en tire de singuliers effets dans *La Sonate et les trois messieurs* :

> B. — Avez-vous pu voir ce que c'était ?
> A. — Non, je n'ai pas pu le voir.
> C. — Bien sûr ! Puisqu'il n'y avait rien à voir !
> A. — Il n'y avait rien à voir, mais il y avait beaucoup de choses à savoir.
> B. — Ah ! Et vous êtes arrivé à savoir quelque chose ?
> A. — En tout cas, j'étais tout près de savoir.
> C. — En somme, vous étiez dans les dispositions qu'il faut !
> A. — Oui, c'est cela ; dans les dispositions qu'il faut.
> C. — Dans les dispositions qu'il faut pour savoir quelque chose
> A. — Quand il y a quelque chose à savoir, bien entendu !
> B. — Bien entendu !
> C. — Bien entendu !
>
> J. Tardieu, *La Sonate et les trois messieurs*.

Les répétitions apportent souvent une note burlesque à l'échange. C'est un procédé fréquemment utilisé dans les entrées de clowns, dont Beckett use avec humour. Ainsi, dans ce dialogue :

> VLADIMIR. — Toi aussi, tu dois être content, au fond, avoue-le.
> ESTRAGON. — Content de quoi ?
> VLADIMIR. — De m'avoir retrouvé.
> ESTRAGON. — Tu crois ?
> VLADIMIR. — Dis-le, même si ce n'est pas vrai.

ESTRAGON. — Qu'est-ce que je dois dire ?

VLADIMIR. — Dis, je suis content.

ESTRAGON. — Je suis content.

VLADIMIR. — Moi aussi.

ESTRAGON. — Moi aussi.

VLADIMIR. — Nous sommes contents.

ESTRAGON. — Nous sommes contents. (Silence.) Qu'est-ce qu'on fait maintenant qu'on est contents ?

VLADIMIR. — On attend Godot.

ESTRAGON. — C'est vrai.

S. Beckett, En attendant Godot, II.

On remarque que les deux dernières répliques de cet échange constituent elles-mêmes un automatisme verbal, qui revient en écho à de nombreuses reprises au long de la pièce : la répétition ponctuelle se double ici d'un effet-miroir qui par sa récurrence exprime la tension dramatique de l'œuvre.

• *Le ressassement*

Proche de la répétition, le ressassement est un procédé fréquemment mis en œuvre dans l'écriture contemporaine. Th. Bernhard l'utilise de façon obsessionnelle, à la façon d'un musicien reprenant éternellement le même thème, à peine transformé. Dans *Minetti,* par exemple, le personnage éponyme pousse jusqu'aux limites du radotage le ressassement de sa rencontre avec le peintre Ensor qui lui a fourni un masque pour jouer *Lear* :

> Dans ce coin/j'ai parlé avec Ensor/ avec Ensor en personne/ *il montre la valise/* Dans cette valise/ il y a le masque de Lear/ par Ensor en personne/ Ce masque de Lear/ est la chose la plus précieuse/que je possède/ le masque c'est Lear […] James Ensor/ Je voulais le masque de Lear/par Ensor/ et Ensor m'a fait le masque/ […] Le théâtre est un art monstrueux/ ai-je dit à Ensor/ faites moi le masque/ pour jouer Lear/ ai je dit […]Ensor a fait le masque/ pour moi / le masque le plus monstrueux/ qui ait jamais été fait/ c'est avec ce masque que je joue […] Lear/ sous le masque d'Ensor
>
> Thomas Bernhard, *Minetti*, texte français : Claude Porcell, Éd. de L'Arche.

Certes, le procédé obsessionnel du ressassement met en évidence la sénilité du personnage, ce vieil acteur sur le déclin, hanté par ses succès de jadis ; mais il donne en même temps à l'écriture un rythme et une musicalité qui enveloppent la pièce d'une poésie étrange et lancinante.

Le ressassement peut aussi répondre à une tentation chorale : comme Phil Glass avec sa musique répétitive – sans cesse analogue et jamais tout à fait la même – Jean-Luc Lagarce l'utilise par exemple lui aussi au début de sa pièce *J'étais dans ma maison et j'attendais que la pluie vienne* :

> J'étais dans ma maison et j'attendais […]
> Je regardais le ciel […]
> Je regardais le ciel […]
> Je regardais […]
> J'étais là […]
> J'étais là, debout, et j'attendais […]
> J'attendais […]
> J'attendais la pluie, j'espérais […]
> J'attendais…, j'ai toujours attendu, j'attendais et je le vis
>
> Jean-Luc Lagarce, *J'étais dans ma maison et j'attendais que la pluie vienne.*

Cette reprise par plusieurs femmes de formulations à peine différenciées pour énoncer la même situation crée immédiatement une impression étrange : sur le mode répétitif, la phrase-titre est répercutée par chacun des personnages avec des variations imperceptibles qui font de la pièce une sorte d'oratorio funèbre. L'action importe peu ici, c'est par le langage lui-même que Lagarce enveloppe le spectateur de son *charme* mystérieux et poétique, et l'entraîne au cœur de la situation avec un lyrisme qui rappelle l'univers choral de la tragédie grecque. Ce qui n'est pas fortuit quand on sait le thème de la pièce : cette sorte d'élégie autour d'une mort probable.

2.3 Dramaturgie de la parole

Au théâtre, la parole est action. Cela signifie que le discours d'un personnage suffit à modifier une situation. À lui seul, il est capable de faire passer d'une position à une autre, d'un état à un autre. Mais la parole est également instrument ou véhicule de l'action. Elle est utilisée pour transmettre des informations nécessaires à la progression de l'action. Parfois enfin elle est en même temps action et instrument de l'action.

• *La parole-action*

Pour agir sur autrui, le dialogue des personnages utilise un certain nombre de figures textuelles. L'affrontement est le premier type de relation instauré par la parole. On emprunte la terminologie du duel pour en définir les procédés. À l'attaque, par laquelle un personnage cherche à déstabiliser son partenaire, ce dernier peut réagir par la défense : il se contente alors de repousser l'attaque par une objection ou une protestation, cherchant surtout à préserver sa position. Il peut également opposer une riposte, c'est-à-dire opérer une contre-attaque, ou simplement tenter une esquive, en éludant l'attaque. Dans l'échange suivant, l'affrontement entre Bartholo et Rosine offre une plaisante alternance de ces diverses figures textuelles :

> BARTHOLO. — N'es-tu pas curieuse de lire avec moi le papier qu'il t'a remis ?
>
> ROSINE. — Quel papier ?
>
> BARTHOLO. — Celui qu'il a feint de ramasser et de te faire accepter.
>
> ROSINE. — Bon ! C'est la lettre de mon cousin l'officier, qui était tombée de ma poche.
>
> BARTHOLO. — J'ai idée, moi, qu'il l'a tirée de la sienne.
>
> ROSINE. — Je l'ai très bien reconnue.
>
> BARTHOLO. — Qu'est-ce qu'il te coûte d'y regarder ?
>
> ROSINE. — Je ne sais pas seulement ce que j'en ai fait.
>
> BARTHOLO, *montrant la pochette*. — Tu l'as mise là.
>
> ROSINE. — Ah ! Ah ! Par distraction.
>
> BARTHOLO. — Ah sûrement. Tu vas voir que ce sera quelque folie.
>
> ROSINE, *à part*. — Si je ne le mets pas en colère, il n'y aura pas moyen de refuser.
>
> BARTHOLO. — Donne donc, mon cœur.
>
> ROSINE. — Mais quelle idée avez-vous en insistant, Monsieur ? Est-ce encore quelque méfiance ?
>
> BARTHOLO. — Mais vous ! Quelle raison avez-vous de ne pas la montrer ?
>
> Beaumarchais, *Le Barbier de Séville*, II, XV.

À l'attaque de Bartholo, Rosine tente de répondre d'abord par l'esquive (« quel papier ») ; puis elle oppose une série de défenses (« c'est la lettre de mon cousin », « je l'ai très bien reconnue »), avant d'opérer une riposte en se transformant elle-même en attaquant (« quelle idée avez-vous »). La vivacité du dialogue tient à la diversité des coups utilisés, à la rapidité de réactions de chaque personnage et à la brièveté des répliques, qui donnent à l'ensemble une impression de naturel.

L'affrontement peut aussi se faire dialectique et se transformer en opposition d'idées. Le dialogue devient alors argumentatif, prenant la forme d'une confrontation de points de vue, où alternent hypothèses, arguments et réfutations. Parmi les diverses figures textuelles qu'il utilise alors, on distingue les plaidoyers, par lesquels un personnage défend une argumentation ou une thèse : dans *Cinna* de Corneille, à la demande d'Auguste, Cinna et Maxime font succéder deux plaidoyers symétriques et contradictoires dans lesquels s'opposent deux conceptions du pouvoir. Poussant à l'extrême le procédé, le théâtre peut se transformer en tribunal (*Les Plaideurs* de Racine, *L'Instruction* de Peter Weiss), ou parfois même verser dans le simple débat d'idées.

• *L'échange d'informations*

Le dialogue a aussi pour fonction de véhiculer des informations. La parole se fait instrument de l'action et use à cette fin de toutes les ressources du langage (figures de style, effets oratoires, etc.). Les récits interviennent dans ce cadre, rapportant des faits anciens ou récents, intervenus en dehors de la scène. Le théâtre classique en use souvent pour relater les événements non représentés. « Ce qu'on ne doit point voir, qu'un récit nous l'expose », affirme Boileau. Ainsi le combat des Horaces contre les Curiaces, dans *Horace* de Corneille, donne lieu à un récit en deux temps, qui permet de ménager le suspense et met en valeur le héros.

L'information peut également être donnée sous la forme d'un interrogatoire. Entre deux personnages, un jeu de questions et de réponses permet à l'information de circuler. Abusant de la liberté que lui confère son statut de confesseur, le cardinal Cibo interroge la marquise Cibo, sa belle sœur, sur l'évolution des relations qu'elle entretient avec le duc Alexandre :

> CARDINAL. — Dites-moi si vous avez répondu à cette lettre.
> LA MARQUISE. — J'y ai répondu de vive voix, mais non par écrit.
> LE CARDINAL. — Qu'avez-vous répondu ?
> LA MARQUISE. — J'ai accordé à la personne qui m'avait écrit la permission de me voir comme elle le demandait.
> LA CARDINAL. — Comment s'est passée cette entrevue ?
> LA MARQUISE. — Je me suis accusée déjà d'avoir écouté des discours contraires à mon honneur.
> LE CARDINAL. — Comment y avez-vous répondu ?
> LA MARQUISE. — Comme il convient à une femme qui se respecte.
>
> A. de Musset, *Lorenzaccio*, II, III.

À plusieurs reprises, dans *En attendant Godot*, Beckett utilise ce procédé des questions-réponses pour relancer un dialogue qui s'étiole et donner des informations à la fois précises et vaines sur l'état inchangé de la situation :

> ESTRAGON. — Qu'est-ce qu'on fait maintenant ?
> VLADIMIR. — Je ne sais pas.
> ESTRAGON. — Allons-nous en.
> VLADIMIR. — On ne peut pas.
> ESTRAGON. — Pourquoi ?

VLADIMIR. — On attend Godot.
ESTRAGON. — C'est vrai.

S. Beckett, *En attendant Godot*, II.

La profession de foi constitue elle aussi une figure textuelle qui, hors de toute situation de conflit, permet de présenter le point de vue d'un personnage, qui justifie son comportement passé ou présent. Sommé d'expliquer ce qui le fait courir, Dom Juan se lance dans une vibrante profession de foi, qui impressionne Sganarelle, et dont le lyrisme donne à la quête donjuanesque une dimension quasi mystique :

> Quoi ! Tu veux qu'on se lie à demeurer au premier objet qui nous prend, qu'on renonce au monde pour lui et qu'on n'ait plus d'yeux pour personne ? La belle chose de vouloir se piquer d'un faux honneur d'être fidèle, de s'ensevelir pour toujours dans une passion, et d'être mort dès sa jeunesse à toutes les autres beautés qui peuvent nous frapper les yeux ! Non, non : la constance n'est bonne que pour les ridicules ; toutes les belles ont droit de nous charmer, et l'avantage d'être rencontrée la première ne doit point dérober aux autres les justes prétentions qu'elles ont toutes sur nos cœurs. Pour moi, la beauté me ravit partout où je la trouve, et je cède facilement à cette douce violence dont elle nous entraîne.

Molière, *Dom Juan*, I, II.

• *L'adresse au public*

La parole théâtrale, on l'a vu, est un outil de communication entre les personnages en même temps qu'elle véhicule des informations à l'intention des spectateurs ou des lecteurs. Il arrive cependant que le discours s'adresse prioritairement à cet autre destinataire qu'est le public.

Ce peut être sous la forme d'un prologue. Shakespeare l'utilise pour préciser la teneur du drame qui va se jouer et demander l'indulgence du public :

> Deux illustres maisons, d'égale dignité
> Dans la belle Vérone où nous plaçons la scène,
> Font dans un heurt nouveau ardre leur vieille guerre,
> Souillant du sang civil le poing des citoyens.
> Mais du sperme fatal de ces deux ennemis
> Sont nés deux amoureux que détestent les astres,
> Et leur grande infortune ensevelit enfin
> Avec leurs pauvres corps les haines familiales
> L'inquiet devenir de leur funeste amour

Et l'opiniâtreté des fureurs de leurs pères
Que rien n'apaisera qu'un couple d'enfants morts,
Vont deux heures durant occuper ce théâtre
Et si vous consentez à quelque patience,
Nos efforts suppléeront à nos insuffisances.

Shakespeare, Prologue de *Roméo et Juliette*, trad. Y. Bonnefoy.

Les auteurs contemporains jouent volontiers de cette convention du prologue et en tirent une connivence immédiate avec le public :

Voilà. Ces personnages vont vous jouer l'histoire d'Antigone. Antigone, c'est la petite maigre qui est assise là-bas et qui ne dit rien. Et depuis que ce rideau s'est levé, elle sent qu'elle s'éloigne à une vitesse vertigineuse de sa sœur Ismène, qui bavarde et rit avec un jeune homme, de nous tous, qui sommes là bien tranquilles à la regarder, de nous qui n'avons pas à mourir ce soir.

J. Anouilh, Prologue d'*Antigone*.

Cette connivence peut prendre la forme d'une adresse au public. Celle-ci peut intervenir brièvement à l'intérieur d'une réplique. Au plus fort de son hallucination, Harpagon interpelle les spectateurs :

Que de gens assemblés ! Je ne jette mes regards sur personne qui ne me donne des soupçons et tout me semble mon voleur. Eh ! de quoi est-ce qu'on parle ? De celui qui me l'a dérobé ? Quel bruit fait-on là-haut ? Est-ce mon voleur qui y est ? De grâce, si l'on sait des nouvelles de mon voleur, je supplie que l'on m'en dise. N'est-il point caché parmi vous ?

Molière, *L'Avare*, IV, VII.

Mais elle peut se présenter également sous la forme d'un avertissement préalable aux spectateurs, qui conditionne leur écoute. Dans *Arturo Ui* de Brecht, un bonimenteur vient présenter la pièce et s'adresse au public, rappelant que nous sommes au théâtre :

Vos gueules un peu, dans le fond !
Chapeau là-bas, la petite dame !
Des gangsters l'historique drame...

À la fin du spectacle, il revient conclure et demande au spectateur de tirer réflexion de la pièce à laquelle il a assisté, créant un effet de distanciation :

Vous, apprenez à voir au lieu de regarder
Bêtement. Agissez au lieu de bavarder.

Voilà ce qui a failli dominer une fois le monde.

> B. Brecht, *La Résistible Ascension d'Arturo Ui*, trad. A. Jacob.

Parfois les personnages eux-mêmes parlent au public, mettant en cause la relation théâtrale. Peter Handke, dans *Outrage au public*, offre un dialogue dans lequel quatre acteurs interpellent directement les spectateurs, sans même que soit désignée l'identité de celui qui parle :

> Vous ne nous écoutez pas. Vous nous entendez. Vous n'êtes plus le public aux écoutes de l'autre côté du mur. Vous n'êtes plus des badauds. Vous êtes le sujet du spectacle. Vous êtes au centre de notre vision. Vous êtes l'objet de notre dialogue

Cette adresse au public efface les conventions de la représentation. C'est la *mimesis* elle-même qui disparaît alors.

• *L'aparté*

Ce procédé, qui s'apparente à un bref monologue, doit son nom à la didascalie d'origine italienne *a parte*, indiquant qu'un protagoniste tient des propos qui ne sont pas entendus des autres personnages. Fréquemment utilisée dans le théâtre élisabéthain, condamnée en revanche par les règles classiques pour son manque de vraisemblance, cette convention permet à l'auteur de préciser les motivations d'un personnage. Analogue à un cri de l'âme (« Ah ! Je crève ! », s'exclame Arnolphe apprenant son infortune), l'aparté peut constituer également une sorte de commentaire sur l'action engagée :

> LE COMTE (*à part*). — Il veut venir à Londres, elle n'a pas parlé.
> FIGARO (*à part*). — Il croit que je ne sais rien ; travaillons-le un peu dans son genre.
>
> Beaumarchais, *Le Mariage de Figaro*, III, V.

Non seulement l'aparté apporte des éclaircissements sur les intentions des personnages, mais il rend sensible le double jeu auquel se livre chacun, qui pense duper l'autre. Il met en évidence les écarts entre la parole et les intentions. De ce fait, il instaure une connivence avec le spectateur auquel il s'adresse. C'est pourquoi la comédie l'utilise souvent pour souligner certains quiproquos.

Jean Tardieu s'amuse à construire une des pièces de son *Théâtre de chambre* sur la multiplication des apartés qui se substituent au dialogue, soulignant par cet artifice la convention théâtrale et lui donnant une véritable dimension poétique :

> ZENAIDE. — Qui est là ? (*à part*) Pourvu que ce ne soit pas Oswald, mon fiancé ! Je n'ai pas mis la robe qu'il préfère ! Et d'ailleurs, à quoi bon ? Après tout ce qui s'est passé !

OSWALD. — C'est moi, Oswald !

ZENAIDE (*à part*). — Hélas, c'est bien lui, c'est bien Oswald ! (*haut*) Entrez, Oswald ! (*à part*) voilà bien ma chance ! Que pourrai-je lui dire ? Jamais je n'aurai le courage de lui apprendre la triste vérité !

OSWALD (*haut*). — Vous, vous, Zénaïde ! (*à part*) Que lui dire de plus ? Elle est si confiante, si insouciante ! Jamais je n'aurai la cruauté de lui avouer la grave décision qui vient d'être prise à son insu !

ZENAIDE. — Bonjour, Oswald !

J. Tardieu, *Oswald et Zénaïde*.

3. Les enjeux du texte théâtral

Le texte théâtral assume trois fonctions. Une fonction dramatique, d'abord : c'est lui qui porte l'action de la pièce et parfois même la commente. Le dialogue est chargé d'informations explicites et implicites concernant le déroulement de l'action ; il exprime la subjectivité des personnages qu'il inscrit dans une situation spatiale et temporelle, et il précise la nature de leurs relations tantôt conflictuelles et tantôt harmonieuses. Mais le texte théâtral remplit aussi une fonction poétique. Stylisé, écrit parfois en vers, usant comme n'importe quel texte littéraire de tous les artifices (métaphores, métonymies, tropes, etc.), il répond à une finalité esthétique, même – ou plutôt surtout – quand l'auteur cherche à bannir de sa prose tout artifice pour atteindre le degré zéro de l'écriture. Le texte peut ainsi constituer par lui-même un matériau verbal se suffisant à lui-même :

> Sur scène, sur la table d'opération de la scène, il faut mettre le langage en mouvement, et montrer la parole sortant des mots. Faire la pensée visiblement traverser l'air, rendre le langage ardent. Le montrer matériel. L'air et le langage : montrer leur croisement combustif. Ouvrir les mots comme des fruits, en offrir la chair irriguée, traversée, évadée, fléchée de souffles.
>
> Valère Novarina, *Le Théâtre des paroles*.

La poétique perceptible dans l'ensemble du texte théâtral s'adresse essentiellement au second destinataire de l'énonciation, c'est-à-dire au spectateur. Le texte théâtral assure enfin une fonction de communication, non seulement entre ls personnages, mais aussi entre le dramaturge et le public auquel il est destiné. Le théâtre est producteur de sens. À travers la représentation qu'il fait surgir, il tient un discours sur le monde.

3.1 De quoi parle le théâtre ?

• *L'élaboration de la fable*

À travers l'action représentée, le théâtre raconte une histoire. C'est l'analyse du dialogue qui permet de saisir la progression de la situation. Que le texte soit très explicite et que son écriture ne laisse rien dans l'ombre, ou qu'il fasse au contraire une large part à l'invention du lecteur, en lui fournissant de manière lacunaire des bribes d'informations, sa lecture invite à repérer les éléments qui déterminent l'évolution de l'action. Il est possible de déterminer ce qui s'est passé entre le début et la fin de chaque moment de la pièce, en fonction des données factuelles fournies par le dialogue.

Ce travail de pointage, séquence après séquence, est délicat : tantôt les informations courant à travers le texte se révèlent abondantes ; les paroles des personnages apportent de nombreux renseignements sur les rapports qu'ils entretiennent entre eux, sur leur passé, sur leurs projets ; tantôt les informations se font rares ou allusives ; le dialogue fonctionne alors selon un implicite qui tend à exclure le lecteur ou le spectateur. Elles peuvent être *massives*, de longues tirades informatives livrant en bloc les éléments indispensables à la compréhension de l'action (scènes d'exposition du théâtre classique), ou au contraire *diffuses*, parsemées de façon imprévisible en divers endroits du texte.

Certaines informations sont indubitables ; d'autres se révèlent fausses ou douteuses. Leur inévitable subjectivité est source de confusion. Le *point de vue* de celui qui les donne est alors déterminant. Dans la première scène du *Tartuffe*, si les indications fournies par Madame Pernelle sur les rapports de parenté entre les personnages renvoient à un état de fait, les renseignements donnés par chacun sur le statut de Tartuffe à l'intérieur de la famille constituent autant de points de vue contradictoires qui scellent les alliances des différents clans. Un tri s'avère indispensable pour distinguer les exagérations des uns, les mensonges des autres, leurs approximations, volontaires ou non. La participation du lecteur/spectateur est à ce prix.

L'analyse du dialogue permet, en outre, de repérer les événements qui interviennent au fil de la pièce et modifient la situation. Contrairement aux informations, dont le statut est incertain, les événements sont par nature objectifs. Ils peuvent résulter soit d'une modification extérieure de la situation consécutive à l'arrivée de nouveaux personnages (l'apparition de Pozzo et Lucky constitue un événement important dans la journée des deux clochards de *En attendant Godot*), soit d'une information tenue pour indubitable par les destinataires : au dénouement de *L'Avare*, Anselme reconnaît Marianne et Valère comme ses enfants, qui avaient tous deux disparu lors d'un naufrage.

• *Le tissu thématique*

Le dialogue ne se limite pas à permettre la construction d'une action dramatique. Il rassemble les propos tenus par les personnages et, comme une conversation, porte sur des sujets précis, dont le tissu thématique forme un matériau à la fois dense et complexe. Il est donc nécessaire de relever avec précision de quoi parlent les personnages. Les affrontements d'idées recouvrent souvent des rapports de force, les thèmes développés constituent un soubassement sur lequel repose l'action elle-même. Organiser et hiérarchiser les contenus des énoncés permet d'entrer dans une meilleure connaissance de l'œuvre. L'insistante récurrence des métaphores assimilant la femme à la bouteille dans *Les Caprices de Marianne* (« une femme n'est-elle pas un vase précieux, scellé comme ce flacon de cristal ») met en évidence une dynamique fondée sur une apologie de l'ivresse multiforme.

Dans le théâtre contemporain, les propos n'ont souvent aucun rapport apparent avec l'action elle-même, ce qui rend la tâche plus délicate. Les personnages parlent sans prendre en compte la situation. Les relations entre la parole et l'action s'en trouvent évidemment bouleversées : *Dans la solitude des champs de coton* de Koltès offre l'exemple d'un texte construit autour d'une situation dont il n'est pourtant jamais question : la relation incertaine entre le dealer et le client ressemble à « une sorte de danse rituelle, une rencontre de trajectoires abstraites » (J.-P. Ryngaert) sans la moindre référence au trafic qui la détermine.

Difficile pourtant d'aborder un dialogue théâtral sans dégager sa thématique fondamentale. Cette recherche passe par l'analyse non seulement des figures de rhétorique, des images et de la prosodie, mais également des actes de langage plus ou moins avortés, des lacunes et des digressions du discours des personnages. À travers les conflits d'idées et les réseaux thématiques qui les constituent, le domaine autour duquel tournent les échanges est révélateur des préoccupations idéologiques ou philosophiques de son auteur, même s'il ne s'y exprime pas directement. Giraudoux s'efforce de prêter un discours autonome et contradictoire à ses personnages Égisthe et Électre ; la problématique conflictuelle que soulève le texte d'*Électre* n'en porte pas moins la marque de ses propres incertitudes quant à l'usage de la violence contre l'injustice. Il est important de savoir l'entendre.

3.2 Que dit le théâtre ?

Le discours théâtral est le mime d'une parole dans le monde avec ce qu'elle dit sur elle-même et sur le monde, avec l'émotion qu'elle suscite ; mais plus encore, elle est le modèle réduit des mille et une façons dont la parole agit sur autrui.

A. Ubersfeld, *Lire le théâtre*, III.

Au-delà de la multitude de sujets dont parlent les pièces, le texte théâtral tient un autre discours, qu'il n'est pas toujours aisé de saisir. Le dialogue construit en effet un monde virtuel en rapport avec celui qui le voit naître. Shakespeare renvoie à une vision élisabéthaine du monde. Dans *Richard II*, par exemple, il soutient le combat que mène alors Elisabeth pour instaurer le centralisme monarchique et dit la nécessaire déposition d'un roi versatile, incapable et rapace, au profit d'un souverain réaliste, exigeant et décidé. Le prince idéal dont il esquisse la silhouette dans *Henry V* doit comprendre ceux sur qui il règne, être à la fois maître de lui, courageux et désintéressé. À travers les pièces historiques de Shakespeare se lit le passage de l'anarchie féodale à la royauté. Pour le spectateur de l'époque, le propos devait être clair. Reste au lecteur/spectateur actuel à l'entendre.

• *Lectures du texte théâtral*

Il est de multiples façons de lire le texte théâtral. Celui-ci peut constituer un témoignage sur un moment de l'Histoire dans la mesure surtout où un « univers encyclopédique » (U. Eco) recouvre l'ensemble des connaissances qui accompagnent le surgissement du texte. Il est possible par exemple de considérer le *Tartuffe* comme une comédie bourgeoise doublée d'un document d'époque sur la lutte contre la puissante cabale des dévots, selon les uns, contre les Jansénistes, selon d'autres, à moins qu'il ne s'agisse de la compagnie du Très Saint-Sacrement pour d'autres encore. Dès l'origine, l'ambiguïté plane. Mais il faut admettre que le même texte s'enrichit au fur et à mesure que progresse l'Histoire. Il englobe l'univers intellectuel et moral en perpétuelle mutation des lecteurs et des spectateurs les plus divers. En 1923, Lucien Guitry fait de Tartuffe un dangereux criminel à l'accent auvergnat ; un peu plus tard, Louis Jouvet le perçoit comme un être tourmenté en quête de Dieu. Dans les années soixante-dix, Roger Planchon souligne les accents pasoliniens que prend la curieuse passion d'Orgon pour Tartuffe. Plus récemment, Ariane Mnouchkine repère dans la pièce un discours sur l'intégrisme contemporain. La pièce s'enrichit de tous les écarts qu'engendrent ces univers encyclopédiques des générations successives.

C'est bien parce que le théâtre s'inscrit dans un présent toujours renouvelé que sa lecture demeure en permanence ouverte, laissant place à de multiples interprétations. Sophocle ne connaît pas Freud lorsqu'il écrit *Œdipe Roi*. Difficile pourtant de lire de nos jours cette pièce comme si l'on ignorait tout de la psychanalyse ; qu'on le veuille ou non l'imaginaire du lecteur se nourrit d'une subjectivité dont le travail est sans cesse revivifié par l'apport du présent. Ce que « dit » le texte théâtral évolue en permanence du fait même que ses destinataires ne sont plus ceux pour lesquels il a été écrit. Comme le texte est « troué » et ne peut apporter de réponse péremptoire ni définitive, diverses lectures en sont possibles, sans pour autant mériter qu'on crie à la trahison. C'est sur cette indispensable réinterprétation de l'œuvre que reposent l'intérêt des mises en scènes contemporaines du théâtre du passé et leur véritable nécessité :

> Tout est justifiable des interprétations de Molière, parce qu'elles relèvent de la sensibilité du public qui les écoute et des acteurs qui les interprètent. Les étonnements qu'on éprouve dans les contradictions apparentes de ces interprétations viennent des lacunes qui existent entre notre sensibilité actuelle et celle des hommes qui nous ont précédés.
>
> L. Jouvet, *Témoignages sur le théâtre*.

• *Le théâtre dans le théâtre*

Le seul propos incontestable que tient le texte théâtral n'est pas dans le discours sans cesse changeant qu'il offre sur le monde. Il se trouve dans ce qu'il dit, directement ou indirectement, du théâtre. Dans sa forme même, il renvoie aux codes scéniques de son époque et parle de la fonction que la société accorde au théâtre. Cet effet-miroir est flagrant dans l'esthétique du drame romantique à travers lequel la génération post-révolutionnaire s'affranchit de l'héritage trop bien organisé d'un théâtre sans révolte : l'histoire a toujours été présente dans les ouvrages dramatiques. Mais sa nature change. Avec le drame romantique, elle cesse d'être la relation des conflits internes au pouvoir, comme dans *Britannicus*, pour devenir « l'évocation du mouvement entier d'une société » (A. Ubersfeld), correspondant à la « résurrection de la vie intégrale » dont rêve Michelet..

Depuis ses origines, le théâtre n'a pas cessé de s'interroger sur lui-même. La structure protéiforme du *théâtre dans le théâtre* exprime ce dédoublement critique. *Mise en abyme* fort goûtée à l'âge baroque dont elle exprime la vision d'un univers selon laquelle « le monde est une scène et tous les hommes et les femmes ne sont que des acteurs » (Shakespeare), cette esthétique établit une correspondance étroite entre le contenu de la pièce enchâssante et le contenu de la pièce enchâssée » (G. Forestier). Réflexion sur les manipulations de l'illusion théâtrale (*L'Illusion comique* de Corneille) ; enchâssement ludique d'une pièce improvisée dans une autre pièce, provoquant une compétition entre deux styles dramatiques de l'époque élisabéthaine (*Le Chevalier au pilon flamboyant* de Beaumont-Fletcher) ; intermède théâtral intervenant à l'intérieur de l'action pour la piéger pour la piéger par un effet-miroir (*Hamlet* de Shakespeare) ; représentation de comédiens au travail (*L'Impromptu de Versailles* de Molière, *Les Acteurs de bonne foi* de Marivaux) ; dédoublement spectaculaire du théâtre et de la réalité (*Six personnages en quête d'auteur* de Pirandello) : le procédé a pris les aspects les plus divers. Le théâtre contemporain y a souvent recours pour mettre en jeu son propre questionnement : Beckett et Pinget en multiplient les effets de trompe-l'œil ; Ionesco s'amuse de la dérision ainsi provoquée. Le discours critique sur la théâtralité que contient cette structure renvoie à une interrogation sur les modalités de la représentation. En montrant scéniquement les mécanismes qui fondent l'illusion, le théâtre brise celle-ci et se présente comme un moyen d'investigation du réel.

Ainsi, les deux protagonistes de *En attendant Godot* multiplient les allusions renvoyant à la théâtralité : « Aucun doute, nous sommes servis sur un plateau » ironise Vladimir, avant de constater qu'« on se croirait au spectacle ». De même, dans *Fin de partie*, le procédé privilégie l'irruption de la représentation au sein de la représentation pour mieux en souligner la vanité : «À — moi. De jouer », annonce Hamm lors de sa première intervention, s'éclaircissant la gorge comme un acteur avant d'entrer en scène. Et à plusieurs reprises la réalité de l'action scénique est tournée en dérision par le texte : « À quoi est-ce que je sers ? », demande Clov ; et Hamm de répondre : « À me donner la réplique ». Autant d'effets de théâtre dans le théâtre qui font entendre que, pour Beckett, le théâtre n'est rien d'autre qu'une allégorie de l'existence.

D'une façon générale, le théâtre se cite souvent lui-même sous les formes les plus variées : de la mise en jeu d'un discours sur le théâtre (*Abel et Bela* de Pinget) à la mise en discours d'un jeu théâtral (*Le Faiseur de théâtre* de Th. Bernhard), du travestissement de personnages jouant des rôles étrangers à leur identité (*Le Jeu de l'amour et du hasard* de Marivaux), à la contrefaçon ritualisée de comportements signifiants (*Les Bonnes* de Genet), du travail du masque de la *commedia dell'arte* à la citation de formes des pièces de Tardieu, que ce dernier qualifie de « clavecin bien tempéré de la dramaturgie », du tréteau médiéval aux clowns beckettiens, en réalité, depuis toujours, le théâtre ne cesse de se dire dans tous ses états.

Cette théorisation du théâtre à l'œuvre dans tout texte, qu'on peut qualifier de *métathéâtre*, est l'effet d'une dénégation intrinsèquement liée au mécanisme de la représentation. Ce terme, emprunté à la psychanalyse, désigne le fonctionnement contradictoire qui permet au spectateur de garder en permanence à l'esprit que ce qu'il tient pour réel sur scène n'a pas de conséquence hors de scène : comme dans le rêve, il sait que la construction imaginaire à laquelle il assiste est radicalement distincte de l'existence quotidienne. Comment laisserait-il, autrement, Hamlet tuer Polonius ? La possibilité d'être ému ou de rire au théâtre est à ce prix. Cette inévitable et souvent inconsciente distanciation est constitutive du plaisir théâtral.

• *Du texte à la scène*

Tout texte théâtral est destiné à être porté à la scène. Quelques auteurs semblent cependant récuser la représentation : Musset regroupe l'ensemble de son œuvre dramatique sous l'appellation de « spectacle dans un fauteuil » comme pour signifier par avance son refus d'un prolongement scénique ; Lorca parle de son « théâtre impossible », Claudel différencie la « version intégrale » et la « version pour la scène » de plusieurs de ses pièces. En réalité, il s'agit, la plupart du temps, d'œuvres en rupture avec les codes scéniques de leur époque. Quand il leur arrive plus tard d'être mises en scène, cela donne lieu à des représentations surprenantes (*Lorenzaccio* monté par Krejka à Prague en 1968, *El Publico* de Lorca par Lavelli au Théâtre national de la Colline, à Paris, début 1988, *Le Soulier de satin* par Vitez au Festival d'Avignon en 1991). D'une façon générale, quelles que soient les intentions de son auteur, le texte théâtral est destiné au jeu. Il fait difficilement son deuil de l'interprétation scénique.

Le passage du texte à la scène n'est pas pour autant une évidence. Mettre en scène ne se réduit pas à donner une traduction matérielle à ce qui figure déjà dans le texte, comme on le pense parfois ; cela consiste à gérer une pluralité de signes produits à la fois par l'espace (décors, éclairages, objets, sons) et par le jeu des comédiens (diction, voix, gestuelle, costumes) afin de créer une œuvre artistique autonome. Il ne s'agit pas seulement de concrétiser un texte, mais tout autant de s'interroger sur ce qu'il ne dit pas. Le passage à la scène entraîne le surgissement de toute une série de questions inattendues, qui éclairent différemment le texte et donnent naissance chaque fois à une interprétation nouvelle. La survie du texte théâtral est à ce prix.

> Si le texte n'est pas toute la pièce, toute la pièce est du moins en germe dans le texte. La mise en scène doit donc respecter et transposer dans tous ses éléments le style même de l'écriture. Il ne faut jamais ni répéter ce que disent les mots – ce serait un pléonasme barbare – ni modifier la pensée de l'auteur.
>
> G. Baty, *Rideau baissé*, Paris, Bordas, 1949.

3.3 Pour une poétique du texte théâtral

Le texte théâtral ne se réduit pas à la somme des paroles émises à l'intérieur de la représentation. Il n'est pas seulement instrument de communication. Il constitue un langage artistique et remplit une fonction poétique. Giraudoux peut bien affirmer comme une boutade qu'au théâtre, il n'y a pas d'auteur, le texte théâtral demeure la création d'un écrivain qui travaille sa langue et en utilise toutes les ressources. En ce sens l'analyse doit prendre en compte le matériau poétique qu'il offre au même titre que n'importe quelle œuvre littéraire : isotopies, métaphores, métonymies ou images symboliques contribuent à donner au texte théâtral une dimension qui lui permet d'agir sur le lecteur non seulement au niveau des significations mais également dans l'ordre du sensible. Tous les moyens d'approche qu'offre l'analyse textuelle des œuvres littéraires doivent être mis en œuvre pour en dégager l'originalité.

La dimension poétique d'un texte théâtral, loin de contrarier son fonctionnement dramatique, est en définitive ce qui lui donne sa force et son efficacité. Le théâtre de Shakespeare est l'expression flagrante de cette fusion entre une théâtralité aiguë et une invention poétique de tous les instants : son écriture complexe, qui mêle la crudité de la langue parlée aux artifices de la préciosité la plus raffinée, et où les images et les métaphores multiplient les connotations et les résonances expressives, transforme l'œuvre toute entière en une « métaphore développée » (W. Knight). De même, la savante musique du vers racinien conditionne son pouvoir théâtral. Le lyrisme de l'écriture de Musset est indissociable de son invention dramatique. Au-delà de l'apparente déconstruction d'un langage vidé de contenu, l'inéluctable enchaînement des répliques du théâtre de Beckett et leur étrange et subtile beauté, sont étroitement liés à son efficacité. Chaque dramaturge se singularise par un univers poétique qui lui appartient en propre.

Même privé de la représentation, le texte de théâtre demeure donc un objet fabuleux, pour peu que le lecteur sache conjuguer la construction d'un univers imaginaire et l'activation des processus intellectuels indispensables face à toute pratique signifiante.

> Et de même qu'une fois le fruit savouré, le noyau reste pour assurer la croissance d'autres fruits semblables, le texte, lorsque se sont évanouis les prestiges de la représentation, attend dans une bibliothèque de les ressusciter quelque jour.
>
> G. Baty, *Le Masque et l'Encensoir*, Paris, Bloud-Gay, 1926.

Bibliographie

ABIRACHED R., *La Crise du personnage dans le théâtre moderne*, Paris, Grasset, 1978.

ARISTOTE, *La Poétique*, trad. Hardy. Paris, Les Belles Lettres, 1980.

ARTAUD A., *Le Théâtre et son double*, Paris, Gallimard, coll. Folio, 1985.

AUBIGNAC (d'), *La Pratique du théâtre*. Éd. Martino, Paris, Champion, 1927 [1657].

AUTRAND M., *Statisme et mouvement au théâtre*, Poitiers, Éd. La Licorne, 1995.

BARKO I. et BURGESS B., *La Dynamique des points de vue dans le texte théâtral*, Paris, Minard, 1988.

BARTHES R., *Essais critiques*, Paris, le Seuil, coll. Points, 1981.

BERTRAND D., *Lire le théâtre classique*, Paris, Dunod, 1999.

BIET C. et TRIAUD C., *Qu'est-ce que le théâtre ?*, Paris, Gallimard, coll. Folio, 2006.

BRECHT B., *Petit Organon pour le théâtre*, Paris, L'Arche, 1963.

BRECHT B., *Écrits sur le théâtre 1 et II*, Paris, L'Arche, 1972.

BRUNET B., *Le Théâtre de Boulevard*, Paris, Nathan, 2004.

CHARVET P. et GOMPERTZ S., *Pour pratiquer les textes de théâtre*, Bruxelles, De Boeck-Duculot, 1979

CONESA G., *Le Dialogue moliéresque*, Paris, SEDES-CDU, 1991.

CORVIN M., *Dictionnaire encyclopédique du théâtre*, Paris. Bordas, 2008.

CORVIN M., *Lire la Comédie*, Paris, Dunod, 1994.

COUPRIE A., *Lire la Tragédie*, Paris, Dunod, 1994.

COUTY D. et REY A., *Le Théâtre*, Paris, Bordas, 1980.

DAVID M., *Le Théâtre*, Paris, Belin, 1995.

DEMARCY R., *Éléments d'une sociologie du spectacle,* Paris, UGE, 1973.

DIDEROT D., *Œuvres*, *Esthétique-Théâtre*, t. IV, Paris, Éd. Robert Laffont, coll. Bouquins, 1996.

DUCROT O., *Les Mots du discours*, Paris, Minuit, 1980.

DUPONT F. *L'Acteur-roi. Le théâtre dans la Rome Antique*. Paris, Les Belles Lettres, 1985

DUPONT F., *Le Théâtre latin*, Paris, Armand Colin, 1988.

ECO U., *L'œuvre ouverte*, Paris, Le Seuil, 1965.

GIRARD G., OUELLET R. et RIGAULT C., *L'Univers du Théâtre*. Paris, PUF, 1978.

GUICHARNAUD J., *Molière, Une aventure théâtrale*, Paris, Gallimard, 1963.

HUBERT M.-C., *Le Théâtre*, Paris, Armand Colin, 2008.

IONESCO E., *Notes et Contre-notes*, Paris, Gallimard, 1966.

JOMARON J., *Le Théâtre en France*, Paris, Armand Colin, 1992.

KOTT J., *Shakespeare notre contemporain*. Verviers, Marabout Université, 1965.

KOWZAN T., *Sémiologie du théâtre*, Paris, Nathan, 1992.

KUNTZ H., *La Catastrophe sur la scène moderne et contemporaine*, Louvain, Revue Études théâtrales, n°23, 2002.

LARTHOMAS P., *Le Langage dramatique*. Paris, Armand Colin, 1972.

LEHMANN H.-T., *Le Théâtre postdramatique*, Paris, L'Arche, 2002.

MASSON B., *Musset et son double*, Paris, Minard, 1978.

MAURON C., *Psychocritique du genre comique*, Paris. José Corti, 1985.

MONOD R., *Les Textes de théâtre*, Paris, CEDIC, 1977.

NAUGRETTE C., *L'Esthétique théâtrale*, Paris, Nathan, 2000.

PAVIS P., *Dictionnaire du théâtre*, Paris, Armand Colin, 2002.

PAVIS P., *Le Théâtre contemporain*, Paris, Nathan, 2002.

PIERRON A., *Dictionnaire de la langue du théâtre*, Paris, Le Robert, 2002.

PRUNER M., *Lire Les Caprices de Marianne de Musset*, Lyon. PUL. 2000.

PRUNER M., *Les Théâtres de l'Absurde*, Paris, Armand Colin, 2008.

PRUNER M., *Répertoire*, Lyon, Éd. du Cosmogone, 2002.

ROMILLY J. (de), *La Tragédie grecque*, Paris. PLT 1970.

ROUBINE J.-J., *Introduction aux grandes théories du théâtre*, Paris, Nathan, 2000.

RUBELLIN F., *Marivaux dramaturge*, Paris, Honoré Champion, 1996.

RYKNER A., *L'Envers du théâtre-Dramaturgie du silence de l'âge classique à Maeterlinck*, Paris, José Corti, 1996.

RYNGAERT J.-P., *Introduction à l'analyse du théâtre*, Paris, Armand Colin, 2008.

RYNGAERT J.-P., *Lire le théâtre contemporain*, Paris, Nathan, 2000.

RYNGAERT J.-P. ET SERMON J., *Le Personnage théâtral contemporain : décomposition, recomposition*, Paris, Éd. Théâtrales, 2006.

RYNGAERT J.-P., *Lire En attendant Godot de Beckett*, Paris, Dunod, 1993.

SARRAZAC J.-P., *L'Avenir du drame*, Lausanne, Belval, Éd.. Circé, 1999.

SARRAZAC J.-P., *Lexique du drame moderne et contemporain*, Belval, Éd.. Circé, 2005.

SARTRE J.-P., *Un théâtre de situation*, Paris, Gallimard, coll. «Idées», 1973.

SCHERER J., *La Dramaturgie classique en France*, Paris, Nizet, 1950.

SCHERER J., *La Dramaturgie de Beaumarchais*, Paris, Nizet, 1954, rééd. 1970.

SCHERER J., *Structures de Tartuffe*, Paris, SEDES, 1974.

SOURIAU É., *Les Deux Cent Mille Situations dramatiques*, Paris, Flammarion, 1950.

SZONDI P., *Théorie du drame moderne*, Belval, Éd. Circé, 2006.

UBERSFELD A., *Le Roi et le Bouffon*, Paris, José Corti, 1974.

UBERSFELD A., *Vinaver dramaturge*, Paris, La Librairie théâtrale, 1990.

UBERSFELD A., *Lire le théâtre*, tomes I à III, Paris, Belin, 1996.

UBERSFELD A., *Les Termes clés de l'analyse du théâtre*, Paris, Le Seuil, 1996.

UBERSFELD A., *Bernard-Marie Koltès*, Arles, Actes Sud-Papiers, 1999.

VERNOIS P., *La Dynamique théâtrale d'Eugène Ionesco*, Paris, Klincksieck, 1972.

VERNOIS P., *La Dramaturgie poétique de Jean Tardieu*, Paris, Klincksieck, 1981.

VIALA A., *Le Théâtre en France*, Paris, PUF, 1997.

VINAVER M., Écritures dramatiques, Arles, Actes Sud, 1993.

Articles

BARUT B., « Métamorphoses/anamorphoses de la didascalie audibertienne », dans *Jacques Audiberti* : L'Imaginaire de l'éclectique, Bordeaux, Eidolon n°84, PUB, 2009

CORVIN M., « Contribution à l'analyse de l'espace scénique dans le théâtre contemporain », dans *Travail Théâtral*, n°22, Lausanne, 1976.

CORVIN M., « La redondance du signe dans le fonctionnement théâtral », dans *Degrés*, n°13, Bruxelles, 1978.

DORT B., « Le lieu de la représentation épique », dans *Travail théâtral*, n°27, Paris, 1977.

ERTEL E., « Éléments pour une sémiologie du théâtre », dans *Travail théâtral*, n 28/29, Paris, 1977.

HAMON P., « Pour un statut sémiologique du personnage », dans *Poétique du récit*, Paris, Le Seuil, 1977.

KERBRAT-ORECCHIONI C., « Pour une approche pragmatique du dialogue théâtral », dans *Pratiques*, n°41, Paris, 1984.

KERBRAT-ORECCHIONI C., « Le dialogue théâtral », dans *Mélanges offerts à P. Larthomas*, Paris, PUF, 1985.

PRUNER M., « L'espace dans la dramaturgie de Ionesco », dans *Colloque de Cerisy-Ionesco*, Paris, Belfond, 1980.

SARRAZAC J.-P., « L'Impersonnage », dans *Jouer le monde, Revue Études théâtrales*, Louvain n 20, 2001.

THOMASSEAU J.-M., « Pour une analyse du paratexte théâtral » dans *Littérature*, n 53, 1984.

UBERSFELD A., « Le lieu du discours », dans *Pratiques*, n 15/16, Paris, 1977.

VOLTZ P., « L'insolite est-il une catégorie dramaturgique ? », dans *L'Onirisme et l'insolite dans le théâtre français contemporain*, Paris, Klincksieck, 1974.

Composé par Style Informatique

11011841 - (I) - (1,5) - OSB 80° - ACT - STY

Imprimerie Nouvelle – 45800 Saint-Jean de Braye

N° d'Imprimeur : 432064X – Dépôt légal : août 2010